우리는 언제나 타지에 있다

우리는 언제나 타지에 있다

고예나 지음

이주배경청년의 일, 배움, 성장에 관하여

위고

1.

다른 출생

2.

엄마의 안녕

3.
우리는 언제나 타지에 있다

일러두기

1. 이 책에 나오는 사람들의 이름은 모두 가명이다.
2. 이 책의 지은이는 스스로를 '다문화가정 자녀' 대신
   '이주배경청년'이라고 말한다. 다문화의 사전적 의미는
   "한 사회 안에 여러 민족이나 국가의 문화가 혼재하는
   것"이지만, 한국 사회는 아시아 출신의 이주여성이 이룬
   가족만을 다문화가정이라고 부르며 특정 소수자 집단에
   낙인을 찍어왔다. 이 책의 지은이는 차별적 어조를
   덜어내고 사실만을 적시한 단어 '이주배경'으로 자신을
   표현하며, 이 책은 경우에 따라 두 단어를 혼용해 썼다.
3. 본문의 주는 모두 편집자 주다.

1

다른 출생

외국인은 아니지만

나는 작은 키에 마른 몸, 투 블록과 상고머리를 오가는 커트 머리, 25호 파운데이션을 발라도 톤 업이 되는 피부와 짙은 쌍꺼풀을 가졌다. 만나는 사람이 고만고만한 시골 마을을 떠나 도시로 나오고 나서는 외모에 관한 질문을 자주 듣는다.

첫 번째로는 나이. 처음 만난 사람들은 대부분 나를 중학생으로 본다. 대학교 강의실만 벗어나면 거의 언제나 중학생으로 오해를 받는다. 한번은 버스에서 교통카드를 찍는데 기사님이 왜 초등학생 요금을 내지 않냐고 물었다. 내 나이를 듣고 놀라는 사람들을 보는 게 썩 유쾌하지는 않다. 나도 어엿한 어른으로 보이고 싶은데.

두 번째는 성별. 이건 특히 어린아이들이 많이 묻는다. 아이들이 있는 곳에 봉사 활동을 가면 꼭 이 질문을 듣는다.

"선생님은 여자예요, 남자예요?"

그러면 나는 되묻는다.

"뭐인 것 같아요?"

헷갈리던 아이들도 내 목소리를 들으면 바로 알아차린다.

"여자요!"

목소리로도 구분 못 할 때가 있다. 그런 아이들은 내가 변성기가 오지 않은 남자아이 같은지 이어 질문한다.

"선생님 몇 살이에요?"

어르신들도 가끔 성별을 묻는다. 그때는 아이들에게 하듯 되묻지는 않고 정중하게 "여자입니다" 말씀드린다. 여자 화장실에 들어가다가 청소하시는 분이 다급하게 막아선 적도 있다. 그때 옆에 있던 친구가 오히려 "너 방금 미스젠더링된 거야"라고 불쾌해했지만 정작 나는 이런 상황에 익숙해져서 아무렇지 않았다.

외모만 보고 내 성별이나 나이를 헷갈리는 사람을

만나면 정정해주면 된다. 하지만 똑 부러지게 답할 수 없는 질문도 있다. 도시로 나와 보니 길거리에서 전도를 하는 사이비 교인이나 모금, 후원을 유도하는 봉사자가 참 많다. 그전까지는 그런 사람들을 만나본 적이 거의 없어서 무시하고 지나치는 게 잘 안 된다. 그렇게 머뭇거리다가 붙들릴 때마다 꼭 듣는 말이 있다.

"혹시 외국인이세요?"

난 법적으로 한국인이다. 태어나고 자란 곳도 한국이고, 한국어를 쓰고, 한국 문화가 제일 익숙하다. 하지만 '피'로 따지자면 내 몸에 절반은 필리핀인의 피, 절반은 한국인의 피가 흐른다. 외모는 눈에 띌 정도로 엄마를 많이 닮았다. 길에서 나를 붙들고 한국인이냐고 묻는 사람들, 강의실에서 처음 만나 자기소개를 할 때 나에게 외국인이냐고 묻는 학우들도 나쁜 의도는 없었을 것이다. 아마 말이 통하는지 확인하려는 의도였을 것이다. 그럼에도 "혹시 외국인이세요?"라는 질문에 바로 "저 한국인인데요"라고 대답하기가 망설여진다. 어떤 사람들 눈에는 내가 외국인으로 보이고, 그 이유는 우리 엄마가 외국인이기 때문이다. 처음 만난 사람들한테 이런 배경을 말하자니 구구절절하고, 말을 안 하자니 왠지 사실을 숨기는 것 같아 찜찜하다.

나는 엄마와 아빠의 결혼이 자연스럽지 않게 이루어졌고, 따라서 나의 출생도 자연스럽지 않다고 생각했다. 아빠는 원래 결혼할 생각이 없었다. 고향집에서 농사를 지으며 홀로 할머니를 모시고 살려고 했다. 할머니의 생각은 달랐다. 할머니는 아빠에게 국제결혼이라도 하라고 다그쳤다.* 통일교에서 국제결혼을 주선한다는 것을 어디서 들었거나, 아니면 마을 아저씨 중

---

* 1990년대에 시작된 농촌 총각 국제결혼 지원사업은 인구 감소 문제를 해소하고 지역사회를 활성화하려는 취지로 농·어업인 중 미혼자에게 국제결혼에 필요한 비용을 지원했다. 나아가 정부는 2006년에 국제결혼 지원 조례를 전국에 도입했다. 한편 통일교를 통한 국제결혼은 1980년대부터 활발해졌다. 주로 한국 남성과 일본 여성의 결혼이 대다수였고, 종교적 목적 없이 국제결혼을 원하는 동남아시아 여성들도 있었다. 1992년부터 2005년까지 10여 차례의 통일교 합동결혼식을 통해 5천여 명의 필리핀 여성이 한국 남성과 결혼했다 (「국제결혼 이주여성 실태조사 및 보건·복지 지원정책 방안」, 2005년).

2020년, 여성가족부는 국제결혼 지원 조례 및 사업의 정비를 권고했다. 이 사업이 결혼 중개 업체에 대한 지원으로 연결되어 이주여성이 "사 올 수 있는 상품"으로 인식될 수 있다고 우려한 것이다. 최근 들어 이 조례는 이주여성의 인권 침해, 매매혼 조장을 이유로 대부분의 지자체에서 폐지 절차를 밟고 있다.

누군가가 먼저 국제결혼을 한 것에 자극을 받았는지도 모른다. 아빠는 서른여덟 살의 나이에 국제결혼을 결심했다. 옆집 아저씨와 같이 통일교회의 주선으로 엄마를 만나 결혼을 하게 되었다.

당시 한국 나이로 스물아홉 살이었던 엄마는 필리핀의 수도 마닐라에 있는 백화점에서 일했다. 직장 동료 중에 먼저 한국 사람과 결혼한 언니가 있었는데, 어느 날 엄마에게 이렇게 말했다. "오늘 저녁에 동네 센터에 한국 남자들이 온대. 너도 결혼하고 싶으면 와."

엄마는 결혼을 한다면 외국인, 특히 미국인과 하고 싶었다. 가난한 필리핀 남자와는 결혼하고 싶지 않았다. 그래서 그날 언니가 알려준 건물로 찾아갔다. 안내를 받고 어떤 방에 들어가니 벽에는 당시 통일교 교주였던 문선명의 사진이 걸려 있었고 한국 남자 두 명이 앉아 있었다. 엄마는 그중 아빠를 선택했다.

만남이 성사되자마자 엄마는 바로 어떤 서류에 서명해야 했다. 당시에는 제대로 인지하지 못했는데 나중에 알고 보니 혼인 신고서였다고 한다. 바로 민사 등록소에 가서 서류를 제출한 뒤에 엄마는 의사의 진찰하에 피검사와 소변검사를 했다(추측하기로는 임신검

사였던 것 같다고 한다). 그날 밤에 매칭된 커플들은 모두 같은 가운을 입고 한자리에 모여 앉아 이야기를 나눴다. 그리고 사흘 후 엄마와 아빠는 필리핀에서 합동 결혼식을 올렸다. 1999년 11월 14일의 일이다.

아빠는 결혼식을 올리자마자 혼자 한국으로 돌아왔다. 엄마와 떨어져 있는 동안 아빠는 먼저 필리핀에서 시집 온 이웃집 이모의 도움을 받아 타갈로그어로 쓴 편지를 보내기도 했다. 새해 1월이 되자 엄마는 아빠가 사서 보낸 비행기 티켓으로 한국에 왔다. 한국에 도착한 직후 석 달 동안 엄마는 통일교회에서 살았다. 통일교회에서는 이주여성만 살았고 그들과 결혼한 한국인 남성은 각자의 집에서 살았다. 남성 쪽이 목사님에게 허락을 받으면 여성을 만날 수는 있었다. 그러나 그때는 스킨십 특히 섹스가 금지되었다. 혹시 결혼이주여성이 한국 남성과는 명목상으로만 결혼하고 실제로는 필리핀 남성과 교제 중이거나 임신을 하지는 않았는지 확인하는 기간이었다.

2000년 3월에 엄마와 아빠는 한국에서 두 번째 결혼식을 올렸다. 몇 주 후 동네 사람들과 함께 관광 겸 신혼여행으로 제주도를 다녀왔다. 낮에는 동네 사람

14

들과 관광을 했고 밤에는 부부만의 시간을 보냈다. 첫 만남 후 4개월 만에 아빠는 엄마와 고향집에 가정을 꾸렸다. 그리고 이듬해에 내가 태어났다.

　연애를 하기는커녕 일면식도 없던 외국인 둘이서 처음 만난 날 곧바로 혼인 신고서에 서명을 했고 사흘 후 합동결혼식을 통해 가정을 이뤘다. 나는 자라면서 그런 가정에서 태어난 것이 너무 부자연스럽다고 느꼈다. 나는 태어나지 말았어야 하는 존재 같았나. 엄마와 아빠의 결혼이 개인적으로도 이상한 선택이지만, 무엇보다 사회적으로 타당하지 않다고 여겨졌다. 하지만 내 존재 자체를 부정하게 만드는 생각의 소용돌이에 휘말릴 때마다 언제나 나를 붙드는 것이 있었다. 바로 내 동생들.

　내가 동생들의 존재를 부정할 수 있을까? 예쁘고 반짝이는 동생들을 보면서는 태어나지 말았어야 할 이유 같은 것을 떠올려본 적이 없다. 누구에게서 어떠한 방식으로 태어났든, 인간은 누구나 사랑받고 존중받아 마땅하다는 생각이 자연스럽게 든다. 그러고 나면 덩달아 나의 존재에 대해서도 다시 생각하게 된다. 동생들이 없었다면 여기까지 생각하는 데 훨씬 더 오래 걸렸거나, 그전에 멈춰버렸을지도 모른다.

신붓감을 찾아 해외까지 진출한 농촌 총각들. 결혼 주선 단체를 통해 얼굴도 모르고 말도 통하지 않는 남성과 하루 만에 혼인신고를 하고 낯선 타국으로 건너온 외국 처녀들*. 나의 부모처럼 자연스럽지 않은 결혼으로 맺어진 수많은 남녀는 다 어디에서 가정을 꾸렸을까. 그리고 그들 사이에서 태어난 나 같은 아이는 지금 어떤 어른이 되었을까. 나와 내 동생들의 삶을 생각하다 보면 늘 이런 질문에 이른다. 어쩌면 그래서 나는 나의 이야기를 쓰기로 한 것 같다.

* 법무부가 발표한 「등록외국인 지역별 현황」에 따르면 2024년 6월 기준 국내에 체류하는 이주여성은 59만여 명이었고, 결혼으로 인한 이주자가 11만여 명으로 가장 많았다. 한국 남성과 결혼한 외국 여성의 수는 2005년에 3만여 명을 넘기며 최고치를 기록했다. 이후 서서히 감소하다가 최저치를 찍은 2015년부터 다시 증가하고 있다. 이들은 대부분 농촌에 정착했는데, 한국 여성과 결혼한 외국 남성이 도시에 정착하는 것과 상반된 결과였다(「행정안전부 외국인주민 현황 조사」, 2022년 11월 기준).

걸어도 걸어도

우리 마을은 전라남도 장흥군. 읍내에서 11킬로미터 떨어져 있고, 면사무소에서도 약 2.5킬로미터를 더 들어가야 한다. 산 아래 50여 가구가 옹기종기 모여 있는 마을에는 버스가 딱 한 대, 그것도 하루에 네 번만 들어온다. 아침 8시, 11시 40분, 오후 4시 그리고 6시. 등하교 하기에 애매하고 놀러 나가기에도 곤란한 시간표다.

1970년대까지는 꽤 많은 사람들이 살았지만, 아이들이 너 나 할 것 없이 도시로 떠나고 부모 세대는 점차 세상을 떠나면서 인구가 줄었다. 1990년대에는 들어오는 사람도 태어나는 아이도 드물었고 떠나지 않은 어르신과 떠나지 못한 중년만 남은 고요한 마을이 되었다. 그러다 2000년 전후로 통일교, 결혼 중개 업체 등의 주선으로 일본, 필리핀, 몽골, 베트남 등 가까운 나라에서 다양한 국적의 젊은 여성들이 들어왔다. 작은 시골 마을에 다양한 언어와 아이들 웃음소리가 들리기 시작했다. 나도 그 아이들 중 하나였다.

초등학교는 우리 마을에서 2.6킬로미터 떨어진 곳에 있었다. 그때는 아침 8시에 들어오는 버스를 타고 등교했다. 한 번뿐인 버스를 놓치는 날에는 아빠가 차로 학교에 데려다주기도 했다. 하지만 학교가 끝나면 집으로 돌아가는 버스가 없었고, 부모님은 그 시간에 농사일로 한창 바빠서 데리러 올 수 없었기 때문에 집에 가는 방향이 같은 아이들끼리 걸어서 돌아왔다. 우리는 나란히 걸으면서 누구의 엄마 이름이 더 긴지 헤아리거나 같이 노래를 부르고 가위바위보를 했다. 그렇게 걷다 보면 어느새 집에 도착했다. 날씨가 궂거나 걷기 싫은 날에는 우리 마을까지 가는 차가 오지 않을까 자꾸만 뒤를 돌아보며 걸었다. 어쩌다 마을 어른이 차를 태워주면 운이 좋다고 기뻐했다. 다가오는 차를 보면서 기대하다가 우리 마을 차가 아니어서 그냥 가

버리면 집에 가는 길이 더 멀게 느껴졌다. 다행히 내가 고학년이 되었을 때 우리 마을까지 통학 버스가 들어오면서 등하교가 편해졌다.

그런 생활도 잠시, 중학교에 올라가니 통학 버스가 없었다. 그래서 나와 친구 써니는 등교 시간을 맞추기 어려운 버스를 타고 다니느니 자전거로 등하교하는 쪽을 선택했다. 봄가을에는 바람이 좋아 자전거를 타는 기분이 좋았다. 하지만 여름에는 아침부터 교복이 땀으로 푹 젖고 날벌레들이 날아들어 얼굴과 교복에 달라붙었다. 겨울에는 아무리 겉옷으로 무장해도 추위를 이길 수 없었다. 장갑을 껴도 칼바람이 손을 찌르듯 파고들어서 자전거 핸들을 잡은 손은 언제나 꽁꽁 얼었다. 그렇게 중학교 3년을 자전거로 등교했다.

다문화 아이

초등학교에는 한 학년에 한 반만 있었다. 학년별 학생 수는 다섯 명에서 여덟 명. 아무리 많아도 채 스무 명을 넘기지 않았다. 그리고 각 학년에 한두 명씩은 외국인 엄마를 둔 다문화가정 아이들이 있었다. 그중에서도 이국적인 외모를 가진 쪽은 한국인 같은 외모를 가진 쪽과 은근히 나뉘었다. 엄마의 나라가 일본이나 중국 등 동북아시아라면 후자일 가능성이 높고, 동남아시아라면 전자이기 쉽다. 나와 내 친구 써니는 둘 다 필리핀에서 온 엄마를 닮아서 어두운 피부와 크고 쌍꺼풀 짙은 눈을 가졌다. 그 때문에 같은 반 남자아이들에게 "아프리카 시카시카" 같은 놀림을 듣곤 했다. 다문화가정 아이라도 피부색이 어둡지 않다면 놀림을 피할 수 있었다. 그 나이대 남자아이들의 관행적인 고백도 나처럼 피부색이 어두운 여자아이하고는 상관없는 일이었다. 그나마 상대적으로 하얀 아이들은 한두 번 받곤 했다. 그래도 중학교 때까지는 피부색 때문에 몇 번 놀림받은 것을 빼고는 '평범한 한국인' 아이들에 비해 별다르게 차별당하지는 않았다.

중학교 때 "너 혹시 혼혈이야?"라는 질문을 몇 번 들은 적은 있다. 대외 활동에서 만난 다른 학교 아이가 던진 말이 너무 생소해서 놀랐던 기억이 있다. 그때까지만 해도 누가 누구인지 뻔히 아는 작은 마을 안에서만 지냈기 때문에 마을에서나 학교에서나 우리 엄마가 외국 사람인 것을 자연스레 알고 있었다. 나의 배경에 대해 먼저 나서서 설명할 필요가 없었고 궁금해하는 사람도 드물었다. 생활 반경이 넓어지면서 내가 '일반적인 가정'의 아이들에 비해 눈에 띈다는 걸, 호기심의 대상이 될 수 있다는 걸 점차 알게 되었다.

읍내의 고등학교에 진학하면서 기숙사 생활을 시작했다. 서로 속 깊은 이야기를 할 만큼 가까워진 친구에게도 우리 엄마가 외국인이라는 사실은 굳이 먼저 말하지 않았다. 고등학생이 되고 보니 '동남아'라는 단어는 우리 또래에서 멸칭으로 쓰이고 있었다. "아, 내 피부 너무 까매. 누가 보면 동남아 사람인 줄 알겠어"라는 말을 아이들끼리 아무렇지 않게 했다. 엄마의 고향이, 그 지역에서 온 사람들이 그 자체로 혐오의 대상이 되는 게 큰 충격이었다.

하루는 우리 반에서 동남아 출신 이주노동자를 비하하는 말이 오갔다. 같은 반 여자애의 부모님이 운영하시는 공장에는 필리핀 출신 노동자도 있었다. 그 여자애와 다른 친구들이 그것을 주제로 이야기를 나누다가 자기 딴에는 농담으로 이주노동자를 비하하기 시작했다. 한 남자애가 그 여자애의 까만 피부를 놀리며 "너 필리핀 아저씨 같아"라고 말하는 등의 대화가 이어졌다. 반 아이들 중 아무도 그 말을 제재하지 않았다. 다들 웃거나 아무렇지 않게 넘기는데 나만 가슴이 철렁했다. 하지만 소심했던 탓에 아무 말도 하지 못했다.

그날 밤 기숙사 침대에 누워 그 말을 곱씹다가 울음이 터졌다. 같은 반이었던 룸메이트가 울음소리에

깜짝 놀라 왜 우냐고 물었다. 그날 고등학교 들어가고 나서 처음으로 고백했다. 나는 다문화가정 자녀라고, 그래서 낮에 너희들끼리 웃고 떠든 말에 상처를 받았다고. 친구는 너를 가리킨 말이 아니었다며 황급히 나를 달래주었다. 그렇다 한들 그게 무슨 소용일까? 내가 다문화가정에서 태어났고, 내 엄마의 고향인 동남아가 모멸적인 단어로 쓰이는데. 나를 콕 집어 말한 것이든 아니든 상관없었다. 난 차별의 화살이 향하는 쪽에 서 있는 사람이었다.

다문화와 동남아 모두 내가 속한 범주다. 나와 다른 범주에 있는 '평범한' 아이들이 그 단어로 나를, 내 동생을, 우리 엄마를 자신들과는 확연히 다른 사람, 더 낮은 계급, 놀림의 대상으로 만들어버리는 것이 너무 힘들었다. 그런데도 그런 식으로 말하지 말라고 할 수 없었다. 웃고 넘기는 아이들 사이에서 정색을 하는 순간 나 혼자 무리 밖으로 확 밀려나버릴 것 같았다. 또 왜 그런 표현을 하지 말아야 하는지 제대로 설명하려면 내가 멸칭의 당사자라는 사실을 밝혀야 하는데, 그것이 두려웠다. 앞으로 몇 년은 더 다닐 학교에서 '분위기를 망치는 다문화 애'라는 낙인이 찍히는 것은 정말이지 피하고 싶었다.

　다행인지 아닌지 우리 반 애들이 이주노동자를 비하한 것이 선생님에게까지 알려졌다. 선생님은 그 애들을 불러 눈물 콧물이 쏙 빠지게 혼을 냈다. 울면서 교실로 돌아오는 아이들을 보니 통쾌하기도 했지만 당사자인 내가 직접 나서서 문제를 지적하고 바로잡지 못한 무력함에 씁쓸하기도 했다.

　학년이 올라가면서 나를 대하는 사람들의 태도는 예전보다 조심스러워졌지만, 질문에 등장하는 단어는 점점 더 교묘해졌다. 나중에 친해진 다른 반 친구는 나에게 조심스럽게 혹시 '토종 한국인'이냐고 물어보았다. 난 이 땅에서 나고 자랐고, 법적으로도 한국인이기에 토종이라고 답했다. 그러자 친구는 질문을 바꿔 나에게 '혼혈'이냐고 물었다. 당시 우리 학교에서는 다문화라는 단어가 동남아만큼이나 오염되어 있었기 때문에 나름의 배려심과 조심성을 발휘해 토종, 혼혈이라는 단어를 골라 말했을 것이다. 그 친구의 배려에는 고마웠지만 나는 혼혈이란 말을 좋아하지 않는다. 한때 인터넷에서 좋아하는 연예인에게 "○○이 혼혈이라면서? 한국과 천국의 혼혈!"이라고 말하는 게 유행한 적이 있다. 미모가 천상계라는 것을 나름 재치 있게 표현한 것 같은데, 나는 처음 그 문구를 보자마자 심장이 떨어질 뻔했다. 그 연예인이 다문화가정에서 태어나서 논란이 된 줄 알았던 것이다. 누군가에게는 차별을 연상시키는 단어가 가벼운 농담으로 쓰이는 것도 불편했다.

혼혈이란 무엇인가? 사전에는 "서로 인종이 다른 혈통이 섞임. 또는 그 혈통", "혈통이 다른 종족 사이에서 태어난 사람"이라고 나와 있다. 이렇게 보니 서로 다른 인종 사이에서 태어난 나는 혼혈이 맞다. 하지만 비슷한 말로 잡혈, 튀기가 나왔고, 반대말로는 순혈이 나왔다. 모든 단어에는 맥락이 있다. 한국인 사이에서 난 자식은 깨끗하고 순수한 혈통이며, 그 반대는 마구 뒤섞여 어지럽혀진 혈통이 된다. 누군가를 혼혈이라는 단어로 일컫는 순간 그렇지 않은 누군가는 자동으로 순혈이 된다. 순혈이라니, 한민족이라는 한국의 민족주의, 나아가 국수주의가 확 느껴진다.

비슷한 이유로 다문화라는 단어도 좋아하지 않는다. 고등학생 때 멸칭으로 쓰였기 때문이기도 하지만 이주민과 한국인이 결혼할 때만 다양한 문화가 섞인다고 규정하는 것이 그릇되었기 때문이다. 세대와 성별에 따라 문화가 다르고, 한국 안에서도 지역별로 문화가 다르다. 나에게는 할머니와 손주가 같이 사는 가정이, 경상도 출신 여자와 전라도 출신 남자가 같이 사는 가정이, 서로 다른 배경에서 성장한 사람들이 만나 이룬 모든 가정이 다문화가정이다.

다문화가정 자녀는 살아가면서 다문화가 가진 이미지를 자연스럽게 알게 된다. 그리고 한창 예민한 사춘기에는 어두운 면이 더 크게 다가온다. 가난, 가정폭력, 고부갈등, 따돌림, 근거 없는 영어 실력 추측. 어느 것에는 해당되고 어느 것에는 해당되지 않는, 그러나 다문화를 수식하는 말들은 우리 주변을 둥둥 떠다닌다. 자라면서 한시도 떨어져본 적 없는 수식어들이 나의 의지와 상관없이 꼬리표처럼 달린다.

내가 다문화임을 안 누군가가 나를 그냥 '다문화애'로 축소할까 봐 두렵다. "그럼 좀 가난하겠네", "영어 잘해?", "놀림 많이 받았어?" 같은 듣고 싶지 않은 질문을 듣는다. 단순한 호기심에서 나온 질문일지 몰라도 그때 나는 이상한 동정을 받거나 우습게 보일

틈을 내보이게 된다. 내가 무엇을 해도 다문화니까 그렇지라는 편견이 씌워질까 두렵고 불쾌하다.

2022년에 나는 여성주의 저널 『일다』에서 마련한 릴레이 연재 '이주배경청년의 목소리'에 참여했다.

"국제결혼 가정이나 이주민 가정에서 태어나 성장한 청(소)년들, 성장기에 중도 입국한 청년 등 다양한 이주배경을 가진 청년들이 살아가고 있지만, 우리 사회에서 좀처럼 가시화되지 않고 있습니다. 청년 담론 안에서도 찾아보기 어려운, 이주배경청년 당사자들의 시선과 목소리를 직접 들어봅니다."

기획의 말에서 『일다』는 나와 같은 사람들을 '이주배경청년'이라고 명명해주었고 나는 그 표현이 정말 마음에 들었다. 차별적인 어조 없이, 다름을 강조하지 않고 오로지 사실만으로 나를 정의해주는 명명이었다. 학교 같은 공적인 자리에서는 편의상 '다문화가정 자녀'라는 표현을 쓰지만, 내가 나를 말할 때는 이주배경청년이라 칭하기로 정했다.

시간이 멈춘 곳

농사를 중심으로 사계절이 돌아가는 생활은 옛 드라마 〈전원일기〉에서나 볼 법한 풍경 같겠지만, 우리 가족에게는 2020년대를 살아가는 지금의 현실이다. 할머니들과 그들의 아들인 중년 남성들이 인구의 주를 이루는 우리 마을은 아직도 1980년대에 멈춰 있는 것만 같다. 이제는 할머니들도 스마트폰을 쓰면서 멀리 사는 손자와 영상통화를 하고, 대부분 기계로 농사를 짓고 집 안에 온갖 편리한 가전을 갖추고 살지만 어떤 문화는 여전히 과거에 멈춰 있다.

우리 마을에서는 아직도 설과 추석 같은 큰 명절 말고도 달력에 작은 글씨로 쓰여 있는 절기들을 챙긴다. 매년 정월대보름이 되면 마을의 남자들이 나와 저

녘부터 자정이 지날 때까지 사물놀이를 한다. 아빠는 꽹과리를 치고 다른 아저씨들은 북, 장구, 징 등을 치며 마을을 몇 바퀴 돈다. 유치원에 다닐 때까지만 해도 할머니들이 한복을 입고 나와 보름달 아래에서 강강술래를 했다. 나는 할머니들이 만든 커다란 원 안에 들어가 춤을 추기도 했다. 집 안은 밤새도록 환하다. 대보름에는 불을 끄면 안 되기 때문이다. 찰밥 위에 갖가지 나물을 올려 김밥도 만다. 가족 중 아무도 좋아하지 않는데도 대보름날이 되면 어김없이 방앗간에 따로 주문을 해서 스티로폼 상자에 찰밥을 가득 채워 온다.

동짓날에는 할머니가 만든 찹쌀가루 반죽으로 동글동글한 새알을 빚는다. 예전에는 팥죽도 집에서 직접 쑤었는데 워낙 손이 많이 가서 이제는 방앗간에서 만든 팥죽에 삶은 새알을 넣는다. 우리 집에서는 아빠를 제외한 모두가, 엄마와 나와 동생들이 할머니가 시키는 대로 새알을 만든다. 할머니는 해가 지면 눈을 감고 해가 뜨면 눈을 뜨듯 동지가 되면 찹쌀가루 반죽을 만들어 식구들을 부른다. 우리 마을에는, 우리 집에는, 싫어도 따라야 하는 할머니의 전통이 많다. 문

지방을 밟고 서 있으면 안 된다. 다리 떨지 마라. 누운 사람 머리 위로 지나가지 마라. 어른들 사이로 지나가지 마라.

지금까지도 기억에 선연하게 남은 마을 풍습은 도축이었다. 명절이면 동네 사람들이 모여 돼지를 잡곤 했다. 살아 있는 돼지의 몸에 토치로 불을 붙여 구워 죽였다. 하필이면 주로 우리 집 근처에서 돼지를 잡았다. 나는 죽어가는 돼지의 비명, 그에 일제히 반응하는 마을 개들의 고성, 토치에서 쏴아 하고 불이 나오는 소리를 피해 덜덜 떨며 귀를 막곤 했다. 닭을 물에 담가 익사시키거나 염소에게 소주를 먹인 뒤 두드려 패는 장면을 본 적도 있다.

실제로 본 적은 없었지만 한때 마을 아저씨들이 일상적으로 개를 먹었다는 이야기를 들은 적이 있다 (토끼와 멧돼지도 먹었다고 한다). 우리 집에서 키웠던 개들은 할머니가 개장수에게 팔기 위해 데려온 아이들이었다. 할머니에게는 개 키우기가 일종의 재테크였다. 그렇게 새끼 때부터 1~2년만 함께하고 떠나 보낸 개들이 몇 있다.

옛날 집

나는 연약한 지붕에 기와를 올린 탓에 흙벽이 무게를 버티지 못하고 휘어버린 낡고 어수선한 집에서 태어났다. 거기서 할머니와 할아버지가 아빠를 포함한 아홉 명의 자식들을 낳아 길렀다. 아이들은 자라면서 하나둘 집을 떠나 대도시로 흩어졌고 할아버지가 세상을 떠난 뒤에는 할머니와 아빠만 남았다. 그러다가 엄마가 새로 들어왔고, 이윽고 우리 집에서도 아이들 소리가 나기 시작했다. 아빠가 나고 자란 집에서 나와 동생들도 유년기를 보냈다.

우리 집은 남부 지방의 전통적인 한옥 구조를 갖추었다. 큰방, 작은방, 말레(작은 창고), 부엌, 욕실,

화장실(재래식이었는데 뻥 뚫린 구멍 위로 변기 모양 플라스틱 의자를 놓고 썼다)은 바깥으로 난 마루로 이어져 있었다. 마당 한쪽에는 개수대와 작은 화단이 있었다. 할머니는 집안의 어른이니 큰방에, 엄마 아빠와 우리 셋은 작은방에서 살았다. 내가 좀 크고 나서는 할머니와 같이 큰방에서 잠을 잤다.

큰방과 작은방의 한지가 발린 문에는 녹슨 철 고리가 달려 있었지만 제구실을 하지 못했다. 특히 작은방 문은 잘 닫히지 않아 항상 문을 슬쩍 들어서 여닫아야 했다. 태풍이 오면 문이 저절로 움직이면서 끼익끼익 소리가 들렸고 그 사이로 찬 바람이 들어왔다. 문을 고정시키기 위해 문고리에 숟가락을 빗장처럼 끼워 넣기도 했다. 부엌의 미닫이문도 오래되고 뒤틀려서 뻑뻑했다. 힘을 잘못 주면 문이 문틀에 끼어버려서 다시 꺼내는 데 꽤 애를 먹었다. 욕실 문도 마찬가지. 문을 잠글 수가 없어 끈으로 고정을 해야 했다. 그래도 누군가가 마음먹고 확 밀어버린다면 쉽게 열렸을 것이다. 그래서 목욕할 때는 항상 불안해하며 문을 주시했다.

반쯤 기운 흙벽이 만들어내는 부산물은 청소하는

엄마를 애먹였다. 쓸어도 쓸어도 흙이 부스스 떨어졌고, 습기를 머금은 쪽에는 항상 곰팡이가 피어 있었다. 벽지를 뜯으면 대나무 살을 세운 벽의 내부가 보였다. 새 벽지를 덧발라도 흙은 계속 떨어졌다. 그래도 벽은 완전히 무너지지 않고 내 어린 시절 내내 버텼다.

밤에는 우당탕탕 소리에 잠이 깼다. 지붕과 천장 사이로 쥐가 지나다니는 소리였다. 닭이나 쥐를 쫓는 건지 가끔은 고양이가 지붕 위까지 올라가는 소리가 들렸는데, 나는 그 상황이 꼭 〈톰과 제리〉 같아서 웃겼다. 언젠가 비가 많이 쏟아지던 날, 바닥이 축축해서 일어나 보니 이불의 절반이 젖어 있었다. 밤새 내린 비가 천장에 구멍을 내버린 것이다. 장마철이 끝날 때까지 구멍을 김장 비닐로 막고 스테이플러로 박아 고정했다. 비닐에 물이 어느 정도 고이면 고무 다라이를 밑에 대고 비닐의 볼록한 부분을 꾹 눌러 물을 받았다.

바닥에는 노란 장판이 깔려 있었다. 그것도 매끈하게 하나로 된 장판이 아니라 작은 것 두 장을 테이프로 이어 붙인 것이었다. 바닥은 언제나 쓸리고 끌렸다. 테이프에 끈적하게 붙은 먼지들은 꼭 얼룩 같은 무늬를 만들어냈다. 방 안을 빗자루로 쓸면 테이프 자국이 남은 끈끈한 바닥에도 먼지가 엉겨 붙었다.

욕실과 마당 바닥은 시멘트였는데, 반듯하지 않고 균열도 많았다. 갈라진 틈 사이로 시멘트 가루가 자꾸만 나왔다. 엄마가 마당을 쓸면 시멘트 가루와 흙, 낙엽이 한데 섞여 나왔다. 욕실 바닥은 이상하게도 흙색이었다. 시멘트 반죽에 흙이라도 섞은 걸까? 거울이 걸린 벽 쪽 바닥은 깨져 있었다. 거울을 보려면 깨지지 않는 곳을 디디며 몸을 앞쪽으로 숙여야 했다. 그 아래 수챗구멍이 있었다. 물을 빼려고 낸 구멍이었지만 벌레들이 들어오는 통로 구실도 했다.

뒤틀린 벽, 뒤틀린 천장, 뒤틀린 문, 뒤틀린 바닥은 구석구석 작은 틈새를 내면서 집 안과 밖의 구분을 모호하게 만들었다. 여름에는 모기장을 쳐야 잘 수 있었다. 모기장 바깥으로 하루살이, 나방, 모기 같은 작은 날벌레들이 불빛을 따라 들어와 벽을 채웠다. 큰 벌레는 들어오지 않았지만 가끔 청개구리가 들어왔다. 잠을 자려면 모기장을 잘 여며야 했다. 조금이라도 틈이 벌어지면 그날 밤은 벌레와 같이 자게 되는 것이다. 여름마다 나방과 모기와 파리에 골치가 아팠다. 나방은 가루 같은 걸 흘리고 다녀서 잡고 나면 손이고 벽이고 꼭 잘 닦아주어야 했다. 그중에서도 파리는 참 대단한 골칫덩이였다. 음식이 있는 곳에 항상 꼬였다. 파리를 잡으려고 끈끈이를 놓으면 파리도 잡히고 쥐도 잡히고 어린 날의 우리도 덩달아 잡혔다. 머리카락이 끈끈이에 붙어서 엄마가 떼어주곤 했다. 가끔 지네가 나타나 식구 중 한 명을 물고 도망쳤다. 아빠가 욕실까지 가져가 라이터로 태워 죽이기도 했다. 하루는 이불과 몸 사이로 뭔가 스르륵하고 지나가는 기적에 놀라서 이불을 들추니 내 팔뚝만 한 길이의 지네가 재빨리 도망가고 있었다. 벌레에 온갖 면역이 쌓인 나도 지네는 좀 무서워서, 한밤중에 다른 방에서 자는 아빠한테 달려간 적도 있다. 신기하게도 바퀴벌레는 거의 없었다.

모기장을 쓰지 않는 계절에도 벌레는 우리 집과 항상 함께했다. 밤에는 부엌에 곱등이가 나왔다. 욕실로 가려면 부엌을 지나야 했는데 곱등이는 기가 세서 사람을 무서워하지 않았다. 그렇다고 공격을 하는 것은 아니어서 나만 못 본 척 무시하고 지나가면 욕실에 다다를 수 있었다. 비가 오면 욕실에 민달팽이가 기어다녔다. 이 녀석들은 거의 움직이지 않는 데다 우리를 공격하지도 않고, 그냥 귀여워서 씻는 동안 구경했다.

　겨울에는 벌레가 없는 대신 살을 에는 추위가 찾아왔다. 보일러를 빵빵하게 틀어서 바닥은 따뜻했지만 문틈 새로 바람이 솔솔 들어와 방에서도 이불을 꽁꽁 싸매고 있어야 했다. 걸핏하면 수도가 얼었기 때문에 따뜻한 물이 나오지 않을 때는 엄마가 냄비에 물을 받아 데우거나 커피포트에 물을 가득 끓여 대야에 부어주었다. 그러면 우리는 찬물을 적절히 섞어서 따뜻한 물을 만들었다. 가뜩이나 추워서 꼼짝하기도 싫은데 사정까지 그러니 겨울에는 씻는 것이 너무 싫었다. 온갖 틈새로 찬 바람이 들어오는데 나는 알몸이어야 하고, 게다가 몸이 젖기까지 하면 아무리 물이 따뜻해도 찬 바람이 몸에 직접 닿을 때 이가 덜덜 떨렸다.

　눈보라가 치면 지붕과 벽 틈새로 눈바람이 속속 들어왔다. 마루에는 눈이 슈가 파우더를 뿌린 것처럼 아주 얇게 쌓였다. 겨울밤에 마루를 지나가면 눈 위에 내 발자국이 찍혔고 발가락에 냉기가 고스란히 전해졌다. 심하게 눈보라가 치면 큰방 안으로도 눈이 들어왔다.

　이런 집에서 정리란 소용없는 일로 느껴졌다. 우리

집 마루에는 아무도 치지 않는 오르간이 있었고 그 위로는 먼지가 덕지덕지 붙은 책이나 물건들이 있었다. 큰방 선반 위에는 쓰지도 않는 스테레오 스피커가 쌓여 있었다. 작은방에는 어른 두 명과 아이 세 명분의 옷이 옷장에 가득 차 있었고 옷장에 들어가지 않는 옷들은 벽에 기대 쌓아 두고 마치 벽처럼 썼다. 부엌도 욕실도 마찬가지였다. 식구들이 정리랄 것 없이 물건을 널브러놓고 살 때 엄마만 계속 정리를 했다. 항상 옷을 개고, 선반과 화장대 위 물건을 가지런하게 정리하고, 쓰레기를 치우고, 바스러져가는 벽과 바닥을 쓸고 닦았다.

나는 1960년대에 지었다는 그 집에서 16년을 살았다. 돌아보니 사람이 살 만한 조건이 못 되었던 것 같은데도 그때는 특별히 불만이 없었다. 그래서 방송 출연을 조건으로 새 집을 지을 기회를 얻었을 때도 나는 괜찮다며 집을 고치지 않아도 된다고 말했다. 사는 데 그럭저럭 크게 지장이 없기도 했지만, 막상 남들 앞에 낡은 우리 집을 훤히 내보이는 게 부끄러워서 그랬던 것도 같다.

결국 2016년에 새 집을 짓기 위해 옛날 집을 허물었다. 그 당시에 나는 고등학생으로, 기숙사에서 지내면서 1~2주에 한 번씩만 집에 왔는데, 어느 날 기숙사에서 돌아와 보니 옛날 집이 형체도 없이 무너져 있었다. 마당에는 깨진 남색 기왓장, 무너진 흙벽, 뜯어진 장판 같은 것들이 뒹굴고 있었다. 옛집을 허물던 날 엄마가 울었다는 이야기를 전화로 전해 듣고 나는 '엄마도 참, 이제 새 집을 짓게 됐으니 신이 나야지 울긴 왜 울어' 하는 가벼운 마음으로 옛집이 있던 곳으로 가봤다가 나도 그 자리에서 펑펑 울었다. 그날을 생각하면 지금도 눈물이 난다. 아무리 낡았더라도 내 삶이 통째로 담긴 집이 한순간에 사라진 것을 마주하니 눈물이 났다. 허전히고 슬펐디. 우리 집에 정 같은 것을 붙인 적 없다고 여겨왔는데. 그냥 태어나 보니 우리 집이었다. 아주 어릴 때는 남들도 당연히 다 이런 줄로만 알다가 차츰 다른 집들이 어떻게 사는지 알게 되면서 우리 집이 많이 부족하다는 걸 깨달았다. 그래서 집에 대한 특별한 감정이나 추억 따위는 없는 줄 알았다. 남기고 싶은 것보다 버리고 싶고 잊고 싶은 것들이 더 많을 줄 알았는데. 부서지고 어긋나고 비뚤어진 옛집을 싹 허물고 반듯하고 깨끗한 새 집을 얻는 것이 마냥 기쁠 줄 알았는데. 눈물이 계속 흘렀다.

새로 지은 집은 반듯하고 깨끗했다. 잘 열리고 닫히는 문, 청결한 부엌, 춥지 않은 욕실, 모든 게 다 신기했다. 이게 정말 사람 사는 공간이구나 싶었다. 그렇지만 우리 집 같지는 않았다. 여행지 숙소처럼 낯설었다.

새 집에 산 지도 5년이 넘었다. 동생들은 새 집에서 어린 시절을 보내게 되어, 깨끗한 집 안에 자기 방을 가진 채로 자랄 수 있어서 다행이라고 생각한다. 하지만 아직도 내 꿈에 나오는 우리 집은 언제나 옛집이다. 버리고 싶고 벗어나고 싶던 것을 그리워하게 만드는 것은 무엇일까.

그건 아마도 그 집에 나의 삶이 녹아 있기 때문일 것이다. 아무리 지저분하고 낡았어도 나는 그곳에서 밥을 먹고, 이야기를 하고, 숙제를 하고, 티브이를 보고, 잠을 자고, 꿈을 꾸었다. 그리워할 수밖에 없는 공간이다. 옛날 집에서 살았기에 벌레에 대한 담력을 기를 수 있었고, 마루에 앉아 선풍기 바람을 쐬며 수박을 먹는 기쁨을 알 수 있었다. 마당 돌담과 능소화의 아름다움을 볼 수 있었고, 평상에 누워 밤하늘의 별자리를 공부할 수 있었다. 옛집에서 지금의 내가 만들어졌다. 옛집은 나의 일부다.

2

엄마의 안녕

통일교회

읍내 외곽에는 통일교 지부 건물이 있다. 내가 어릴 때 엄마는 우리를 데리고 자주 통일교회에 갔다. 동생을 업은 엄마의 손을 잡고 걷는 오르막길은 영원히 끝나지 않을 것처럼 길게 느껴졌다.

통일교회에는 주로 엄마 같은 이주여성들이 모였다. 우리는 서로의 엄마를 이모라고 부르면서 친하게 지냈다. 엄마는 필리핀에서 온 이모들과는 주기적으로 만나며 더 잘 어울렸다. 읍내에 사는 이모들은 상대적으로 접근이 용이해서 교회에 더 자주 갈 수 있었다. 외진 곳에 살면서 교회에 꼬박꼬박 나가기 쉽지 않았을 텐데, 그래도 엄마는 가능하면 꼭 우리를 데리고 교회에 갔다. 언덕 꼭대기에 세워진 교회는 엄마처럼 통일교 주선으로 한국에 온 이주여성들의 거의 유일한 모임 장소였다. 모두들 아이들을 데리고 다녀서 교회는 늘 북적거렸다. 지금 생각해보면 그 여성들도 나와 같은 이주배경청년이었다.

일요일 아침이면 엄마 손을 잡고 근처에 사는 외국인 이모들과 8시 버스를 함께 타고 교회에 갔다. 이름만 교회지 가정집과 다름없는 구조에 마당도 있어서 모두들 그곳에서 편하게 교류했다. 나와 내 동생들도 거기서 우리와 비슷한 친구들을 많이 만났다. 어른들이 1층에서 예배를 드리는 동안 아이들은 마당에 있는 그네를 타거나 2층에 올라가 놀았다. 예배에 방해가 되지 않게 살금살금 조심했지만 어쩌다 놀이에 빠져 큰 소리로 웃거나 떠들면 어른들에게 혼이 났다.

예배를 마치면 다 같이 밥을 해 먹었다. 필리핀(10명 이상으로 그 당시 제일 많았다), 일본(5명), 태국(3명) 등 국적별로 그룹을 나누고 매주 돌아가면서 식사를 준비했다. 엄마는 필리핀 출신 이모들과 제일 친하게 지냈다. 이주여성들이 다 같이 모이는 공간에서는 당연하게도 국적별로 모이게 된다. 말이 통하기 때문이다.

열심히 교회를 다니는 이모들과 달리 그들의 남편을 교회에서 만나는 일은 드물었다. 우리 아빠도 교회에 거의 가지 않았다. 마을 뒷산 중턱에 있는 작은 절에는 가끔 다니곤 했으니 아빠의 종교를 굳이 따지자면 불교에 가까웠다. 엄마는 필리핀에 살 때부터 천주교를 믿었다(그런데도 통일교를 통해 결혼을 한 것이 나로서는 이해가 안 간다). 아빠는 엄마가 열심히 통일교회를 다니는 것을 싫어했다. 교회 이모들의 남편들은 거의 다 아내가 교회 가는 것을 싫어했다. 종교에 대한 거부감이나 아내 혼자 밖으로 나도는 것에 대한 반감도 작용했을 테지만, 무엇보다도 아내가 집안일에 손을 놓고 교회에 가면 당장 불편해지기 때문이 아니었을까 싶다. 엄마가 교회에 갈 때마다 아빠는 "어머니 식사 차려드려야 하는데 왜 교회에 가느냐"고 핀잔을 줬다. 할머니도 끼니 때에 엄마가 집을 비우면 동네 사람들한테 "나 아직도 밥 못 먹었다. 난 며느리가 없는 거나 마찬가지다"라고 말하고 다녔다. 할머니와 아빠의 성화에 못 이겨서, 또 집안일부터 농사일까지 바쁜 일과 탓에 엄마는 차츰 교회에 나가지 못하게 되었다. 그래도 엄마는 나와 동생들만이라도 계속 교회에 다니게 했다. 아빠는 우리가 동네에 있는 기독교 교회에 다니는 것을 특별히 말리지는 않았지만, 우리가 교회에서 배운 "하나님 아버지"라는 말을 쓰거나 "전능하신 하나님" 어쩌고 하는 찬송가를 부르면 "네 아버지는 여기 있다"라고 비꼬거나 "하나님보다 부처님이 더 세다" 같은 농담으로 못마땅한 마음을 내비쳤다.

엄마와 마찬가지로 필리핀 출신인 에밀리 이모는 통일교회 근처에 살았다. 그래서인지 처음 한국에 왔을 때는 물론이고 지금까지도 통일교회 사람들과 친하게 지낸다고 한다. 이 이야기를 최근에 친구에게 전해 듣고 솔직히 놀랐다. 어릴 때는 몰랐지만, 이제 나에게 통일교는 말도 안 되는 방식으로 외국 여성과 한국 남성의 결혼을 주선하는 사이비 종교라는 이미지가 크기 때문이다. 하지만 에밀리 이모는 자신을 한국까지 오게 해주고 같은 국적의 이주여성과 교류하는 공간을 마련해준 통일교회의 사람들과 여전히 연락한다고 했다.

에밀리 이모의 이야기를 듣고 엄마는 어떨지 궁금했다. 통일교회가 엄마에게 어떤 의미냐고 물었더니 곧바로 "고마워"라고 말했다. 덕분에 아빠를 만났고 나와 동생들을 낳아 가족을 이룰 수 있었으니까. 통일교회에서 이모들과 이야기를 나누고 고향 음식도 만들어 먹으면서 향수병을 이겨낼 수 있었다고 했다. 말이 통하는 친구도 만나고, 태국이나 일본 이모들과 영어와 한국어를 섞어가며 대화하는 것도 재미있었다고 했다. 한국에 온 이래로 엄마는 가장 행복한 시간을 통일교회에서 보냈다.

농부 남편의 조력자

농촌의 작은 마을은 엄마와 이모들에게는 일터였고 아이들에게는 놀이터였다. 나는 내 동생들과 친구, 친구의 동생과 모여 마을 여기저기를 들쑤시고 다녔다. 나무 밑을 지나고 산을 타고 강을 건너면서, 비닐하우스의 철근을 철봉 삼아 매달리고 뗏목을 다고 쓰레기를 주웠다. 지나가는 할머니에게 인사를 드리고 집안의 농사를 도우며 우리는, 그리고 우리의 엄마들도 마을의 일원으로 성장했다.

마을 사람들은 대부분 농사를 짓는다. 간혹 소 몇 마리를 기르는 집도 있지만 대개는 농사를 짓는다. 우리 마을에서 다른 마을까지 차 두 대가 겨우 다닐 만큼 폭이 좁은 길이 이어지고 그 옆으로 논이 넓게 펼쳐져 있다. 마을 앞에 서면 건넛마을의 다리와 작은 건물 몇 채만 손톱만 하게 보일 뿐, 나머지는 쭉 논이다. 마을 뒤쪽에 산이 있고 마을과 산 중간에는 밭이 있다. 그 논과 밭에서 마을 사람들이 사계절을 보낸다.

엄마는 아빠와 함께 농사를 짓는다. 계절에 맞는 작물을 재배하느라 여유를 느낄 새도 없이 일한다. 흙에 앉고 물에 들어가 농작물을 돌본다.

겨울이 끝나갈 때쯤 방치된 밭을 재정비한다. 땅을 고르고 돌멩이를 주워 한곳에 모은다. 작년에 지은 농작물의 잔해와 잡초를 뽑고 거름도 뿌려서 다시금 경작지로 만든다. 아빠가 트랙터를 몰며 땅을 고르는 동안 땅 위의 돌멩이를 치우는 작업은 주변 사람들, 특히 엄마가 한다. 허리를 숙여 돌을 하나하나 잡은 다음 모아서 치워야 한다. 아빠가 운전 같은 소위 큰일을 하는 동안 엄마는 자잘하고 몸을 많이 움직이는 일을 맡는다. 기름진 땅을 만들면 그 위에 비닐을 씌우고 구멍을 간격에 맞추어 뚫은 후 감자, 마늘, 양파 등의 씨를 뿌린다. 봄에 그 작물들을 수확하면 그다음에는 깨와 콩을 심는다. 또 때맞춰 논에 심을 모를 모판에 키우고 주기적으로 물을 준다. 논에는 물을 댄다.

 여름이 시작되면 본격적인 농사를 시작한다. 모내기, 피 뽑기, 물 대기 등이 끝나면 푸릇푸릇한 벼들이 쑥쑥 자라난다. 이때도 역시 아빠는 이앙기를 운전하면 되지만, 엄마는 긴 장화를 신고 논에 들어가 기계가 미처 닿지 못하는 곳에 손으로 일일이 모를 심는다. 고추가 어느 정도 자라면 고춧대를 끈으로 고정시킨다. 한여름에도 쉬는 날은 없다. 엄마는 매일매일 밭을 돌며 잡초를 뽑고 잎을 솎는다. 땡볕 아래에서 자리를 옮겨 다니면서 농사 의자에 쪼그려 앉아 고춧잎을 다듬고 영양제를 붓는다. 우리 집의 농작물은 친환경 마크를 달기 때문에 농약은 사용하지 않는다. 가장 더울 때를 피해 아침과 오후에도 일을 하다 보면 하루가 금방 간다.

 매일이 바쁜 농사일은 비가 와야 조금 쉴 틈이 생긴다(고등학교 수업에서 봉건시대 농민에게는 비 오는 날이 유일한 휴식 시간이었다는 것을 들으면서 비가 와야만 논밭에 나가지 않고 집에서 쉬는 엄마를 떠올렸다). 하지만 비도 적당히 내려야 쉴 수 있어서, 태풍이나 폭우가 온다는 기상예보를 보면 '제발 우리 집 농작물 무사하게 해주세요'라고 기도하기도 한다.

가을은 대대적인 수확철이다. 벼를 베고 탈곡해 포장한다. 붉은 고추는 손으로 따서 다듬는다. 가을 하면 마루에 앉아 몸의 몇 배나 되는 커다란 고추 포대에 둘러싸여 고추를 다듬던 엄마가 떠오른다. 다듬은 고추는 건조기에 말린다. 작은 창고만 한 이 기계는 가을에 쉬는 법이 없다. 밤에도 윙윙 소리를 내며 돌아간다. 벼 수확은 콤바인으로 한다. 봄과 가을에는 아빠와 연락이 잘 되지 않는다. 매일 트랙터와 콤바인 등 큰 소음을 내는 기계를 타고 일하느라 전화 소리가 안 들려서 그렇다. 벼 수확이 끝난 논에는 마시멜로('곤포 사일리지'라는 정식 이름이 있지만 아이들은 이렇게 불렀다)라는, 탈곡이 끝난 볏단을 뭉쳐서 흰색 비닐로 감아둔 커다란 원통형 덩어리가 여기저기 뒹군다. 창고에는 쌀 포대들이 천장에 닿을 만큼 차곡차곡 쌓인다. 동시에 나락 먼지도 쌓여간다. 탈곡기를 돌릴 때 벼에서 날리는 껍질과 먼지는 천에 붙으면 잘 떨어지지 않고 몸에 붙으면 따갑다. 옆집 탈곡기가 일을 시작한다면 다급하게 마당의 빨래를 걷어야 한다.

탈곡기가 일을 끝내면 주변 물건들에 벼 색깔 먼지가 눈처럼 쌓인 광경을 볼 수 있다. 고추를 수확하면 김장용 배추를 심기도 한다. 이른 봄부터 바쁘게 돌아가던 마을은 겨울이 돼서야 다시 조용해진다.

한시도 쉴 틈이 없고 벌이도 넉넉지 않지만 엄마는 늘 말한다. "힘들어도 기분은 좋아. 농작물이 잘 익어서 결실을 보면 정말 예쁘고 뿌듯해. 밭 가장자리에 키우고 싶었던 작물을 작게 심어 돌보는 재미도 있고. 너희들이 맛있게 먹는 걸 보면 정말 행복해."

중간중간 아빠가 담배를 피우는 동안에도 엄마는 쉬지 않고 작업을 이어나간다. 엄마에게 왜 같이 쉬지 않냐고 물으면, 그래야 조금이라도 더 빨리 끝낸다고만 한다. 우리 집 농사에 더 많은 노동과 정성을 들이는 쪽은 엄마인데도, 농사 일정을 정하거나 방법을 조정하는 굵직한 결정은 아빠가 한다. 남들에게 농부로서 인정받는 것은 엄마가 아니다. 엄마는 '농부 남편의 조력자' 위치에 머무르는 것이다.

엄마는 매일 집 밖을 나선다. 비가 부슬부슬 오면 우산을 쓰고, 여름이면 이른 새벽에 나가 한낮에 잠시 돌아오고, 해가 기울면 다시 나가 어스름한 저녁까지 또 일을 한다. 그렇다고 집에서 쉴 수 있느냐 하면 그 것도 아니다. 집은 엄마의 또 다른 일터다.

한국에 온 엄마가 고모에게 처음 들은 말은 "clean room"이었다고 한다. 그때부터 엄마에게 가정이라는 이름의, 급여를 주지 않는 일터가 생겼다. 엄마는 벽이 기울고 천장이 울퉁불퉁한 집에서 청소하고 밥하고 빨래하고 아이를 키웠다. 농사도 병행하면서 말이다.

엄마는 아침 일찍 일어나 우리를 깨워 유치원과 학교에 보낸 다음 집을 청소하고 할머니의 아침을 차린 후 농사를 하러 나간다. 점심에는 다시 집에 와 아빠와 할머니의 밥을 차리고, 세탁기를 돌려놓고 다시 논으로, 밭으로 간다. 아빠와 같이 농사를 지을 때는 엄마가 조금 먼저 집에 들어온다. 저녁밥을 차리기 위해서다. 식구들의 식사가 끝나면 하루치 설거지를 한꺼번에 한다. 그러고 나면 저녁과 밤 사이 애매한 시간이 된다. 엄마는 몸이 너무 무거워서 씻지도 못하고 그대로 잠들 때가 많다. 가끔 우리에게 마사지를 부탁하기도 한다. 그때마다 점점 얇아지는, 햇볕에 진하게 탄

피부가 눈에 띈다.

  농사일이 많아서 엄마가 늦게 들어오는 날에는 우리가 엄마를 대신해서 청소기를 돌리고 방에 걸레질을 하고 밥을 안치거나 설거지를 한다. 하지만 엄마의 성에 찬 적은 거의 없다. 우리는 기껏해야 초등학생이나 중학생이었고 손이 야무지지도 않았다. 고된 일로 피곤하고 예민해진 엄마는 우리가 빠뜨리거나 어설프게 한 일을 지적하며 짜증을 내곤 했는데 나는 그게 너무 싫었다. 나름 열심히 했는데 우리가 한 일이 아무것도 아니게 된 것 같아 속상했다.

어디에나 이모들이

나와 친구 써니는 고등학교 졸업을 앞두고 써니의 엄마인 브리아나 이모가 일하는 빨래 공장*에서 단기간 아르바이트를 했다. 지역 병원이나 요양원의 환자복, 의료용 천, 침대 시트 등을 빨고 건조하는 일을 대신 해주는 곳이었다. 공장에는 중노년 여성, 외국인노동자, 장애인, 그리고 우리 같은 단기 알바생이 있었다.

    * 결혼이주여성의 생애 공간은 가정뿐 아니라 일터, 지역사회, 출신국 등 광범위한 영역에 걸쳐 있다. 또 「결혼이주여성 노동실태와 현황」(2022)에 따르면 결혼이주여성의 출신국에 따라서 종사 산업이 달라지는 '인종화된 노동' 현상이 발견되었다. 한국계 중국인과 중국인은 도소매와 음식 숙박업 비율이 상대적으로 높은 한편 베트남, 필리핀, 캄보디아 출신 결혼이주여성의 종사 산업은 광·제조업 비율이 높은 편이다. 다만 이 수치에서 미등록 여성 이주노동자 등은 빠져 있다.

첫날 공장에 들어서니 커다란 기계들이 쉼 없이 돌아가며 소음과 열기와 먼지를 뿜었다. 빨래 공장 노동자의 대부분은 중년 여성이었다. 그들은 막 건조가 끝난 뜨거운 옷들을 끌어안고 와 넓은 평상 위에 올려놓고 우리를 불러서 빨래 개는 법을 알려주었다. 나와 친구는 키 높이만큼 쌓인 빨래들을 집어서 최대한 반듯하게 개어 쌓아 올렸다. 맞은편 평상의 숙련된 분들은 우리보다 두 배는 빠른 속도로, 두 배는 더 반듯하게 빨래를 갰다. 그와 동시에 빨래를 50장, 100장 단위로 분류하는 광경에 입이 떡 벌어졌다.

평상과 의자가 있었지만 앉아 있는 사람은 없었다. 앉아서 일하다가도 결국 서야 했다. 빨래를 개는 동안 뒤에서는 큰 세탁기, 건조기, 스팀 머신 여럿이 요란하게 돌아갔다. 사람들은 소음 속에서 소통하기 위해 소리를 쳤다. 기계 소리와 고함이 뒤섞여 이어폰으로 음악을 들어도 소용이 없었다. 몸과 손과 귀와 눈과 코와 입까지, 모든 감각이 시달리는 공장에서 우리는 지치지 않을 수 없었다. 발바닥, 다리, 허리, 어깨가 아팠다.

어른들은 우리를 살갑게 대해주었다. 일은 많이

힘들지 않냐고 수시로 물어보고 간식을 쥐여주며 잠깐 구석에 가서 쉬라고 자꾸 등을 떠밀었다. 우리가 구석에 쪼그려 앉아 물과 간식을 먹으며 쉬는 동안에도 그분들은 계속 빨래를 갰다. 점심시간을 제외하고 아침부터 저녁까지 쉴 틈 없이 일했다.

우리는 하루 5시간, 2주 동안 일해서 당시 최저 시급을 기준으로 50만 원 정도를 받았다. 우리가 받은 급여에 대해 친구와 이야기를 하다가, 브리아나 이모가 한 달 단위로 받는 급여가 일할로 계산하면 최저시급에 못 미친다는 사실을 알게 되었다.* 그마저도 공장의 일감이 줄어들면 일한 기간에 상관없이 한국 국적 노동자들보다 먼저 잘릴 가능성이 크다고 했다.

* 결혼이주여성의 월 평균임금은 100~200만 원(52.5%), 200~300만 원(30.8%), 100만 원 미만(14.2%), 300만 원 이상(2.5%)으로 나타났다. 주당 노동시간을 놓고 볼 때, 노동시간이 길수록 평균임금이 200만 원 이상으로 높아지나, 노동시간이 40시간 이상임에도 불구하고 평균임금이 100만 원 미만인 사례 역시 보였다. 결혼이주여성의 고용보험 미가입률은 39%, 산재보험 미가입률은 33%다. 5인 미만 사업장은 산재보험 가입 대상이 아니라는 점을 감안해도, 5~9인 사업장 산재보험 미가입률(42.4%) 및 고용보험 미가입률(40.9%) 역시 높은 편이다(「결혼이주여성 노동실태와 현황」, 한국노동사회연구소, 2022년).

같은 외국인노동자라 하더라도 처한 사정에 따라 차별이 있었다. 브리아나 이모는 필리핀에서 왔지만 한국 국적을 취득했기 때문에 정해진 임금을 받고 있었지만, 비자 기간이 만료된 미등록 노동자들은 최저 시급보다 못한, 브리아나 이모의 급여보다도 더 적은 금액을 받는다고 했다. 그 사실을 알아도 문제 제기를 할 수 없어서 별수 없이 일한다고 했다.

언어 때문에 생기는 차별도 있다. 공장에서는 한국 국적의 중노년 여성들이 주도권을 잡고 있다. 한국인 아주머니들과 소통이 되지 않으면 함께 하는 일에서 소외되는 경우도 생겼다. 침대 시트 같은 큰 천은 혼자서 개기가 어려워서 짝을 지어 작업해야 하는데 한국어가 서툰 이모들이 다가가면 "저리 가!" 하고 소리치기도 한댔다.

다행히 브리아나 이모는 지금까지 별 탈 없이 공장에 다닌다. 요즘에는 빨래를 개는 기계도 새로 들어와서 기계에 빨래를 퍼 넣기만 하면 되니 더 편해졌다고 한다. 다만 기계에서 나오는 열기는 어찌할 수 없어서 한여름에는 더위 때문에 많이 힘들다고 했다. 우리가 아르바이트를 했던 한겨울에 공장은 히터 없이도 따뜻했다. 여름에는 얼마나 더울지 가늠조차 되지 않는다.

　이주여성이 일터에서 겪는 가장 큰 문제는 서툰 한국어에서 온다. 이주 초반에는 지역 사회복지관 등에서 한국어 교육을 받지만, 집안일과 바깥일로 바쁜 이들이 한국어를 공부할 시간은 턱없이 부족하다. 읍내에만 있는 사회복지관에 꼬박꼬박 다니기 쉽지 않다. 교육을 꾸준히 받지 못하고, 만나는 사람도 대화의 주제도 한정적이기에 한국어 실력이 일정 수준에서 더 이상 늘지 않는다. 엄마 밑에서 자란 나는 엄마가 어떻게 말해도 무슨 뜻인지 잘 알아듣지만, 이주여성들과 자주 말해보지 않은 사람들은 이들의 낯선 발음, 어순, 억양을 참을성 있게 듣고 이해하기 어렵다. 게다가 쓰기와 읽기는 말하기보다 어려워서 훨씬 더디게 배운다. 브리아나 이모가 최저 시급에도 못 미치는 급여를 주는 빨래 공장의 근로계약서에 사인을 하고도 그 사실을 전혀 몰랐던 이유도 여기에 있다.

　외국에서 온 이모들이 일하는 곳은 빨래 공장만이 아니다. 우리 엄마처럼 집안의 농사를 함께 하는 경우도 많지만, 내가 아는 이모들은 거의 다 밖에 나가 일을 한다. 식품 가공 공장에 나가고 식당에서 서빙과 설거지를 한다. 방과후 교실이나 도서관에서 보조를 하고 요양원이나 요양 병원에서 청소나 간병을 한다. 작은 네일숍에서 손톱을 다듬고 마트에서 계산을 한다. 틈틈이 농사도 짓는다. 그렇게 번 돈으로 아이를 학교에 보내고 반찬거리와 옷을 산다. 한때 사람들이 동남아 사람들은 게으르다는 혐오 표현을 서슴지 않기도 했지만, 적어도 지금 우리 동네에서는 통하지 않는 말이다. 우리 집도 우리 마을도 엄마와 이모들의 노동 없이 돌아가지 않는다. 내가 아는 한, 우리 마을에 사는 이주여성 중에 전업주부는 없다.

한국어 수업

우리 지역 사회복지관 4층에는 다문화가족 지원센터가 있다. 유치원에 들어가기 전부터 나는 엄마의 손을 잡고, 첫째 동생은 엄마의 등에 업혀 수요일마다 복지관으로 향했다. 둘째 동생은 그로부터 한참 뒤에 태어나서 세 자매가 다 같이 복지관에 다닌 적은 없다.

　　다문화가족 지원센터에서는 주로 각지에서 모인 결혼이주여성*을 대상으로 한글 수업을 열었다. 엄마

---

　　* 일각에서는 '결혼이주여성'이라는 명명에 의구심을 표한다. 제주여성가족연구원 이해응 연구위원은 "한국 여성을 지칭할 때 기혼·비혼을 특정하지 않는데, 이주여성에게만 '결혼이주여성'이라고 칭하는 것이 적절한지 의문"이라며 "이런 호명은 유학생, 노동자, 투자자, 자영업자 등 가족 형성을 목적으로 하지 않는 이주여성들을 보이지 않게 만든다"고 말했다.

가 교재를 펼치고 공부를 하는 동안 나는 동생과 장난을 치며 놀았다. 노는 것이 시시해지면 우리도 같이 수업을 들었다. '물', '불', '말', '볼'처럼 음절의 자음이나 모음 하나가 바뀌면 소리와 뜻이 달라진다는 등, 아주 기본적이지만 중요한 내용을 가르쳐줬다. 수업은 한국에서 나고 자란 대여섯 살의 나에게는 엄청 쉬웠지만 엄마와 이모들은 진도를 따라가는 데 꽤나 애를 먹었다. 엄마는 한글의 받침을 특히 어려워했다. '없습니다'처럼 겹받침이 있고 발음이 어려운 글자가 많아 숙제를 할 때마다 골머리를 앓았다.

센터는 따뜻하고 편안했다. 외국인 이모들은 한국어 선생님의 지도에 따라 한글 공부를 열심히 했다. 어린 내 눈에도 교실에 있는 모두에게서 배우려는 의지가 보였다. 교과서에 연필로 꾹꾹 눌러쓴 한글, 그 옆에는 저마다의 모국어로 쓴 필기가 더해졌다. 나와 같은 어린아이를 데리고 온 이모도 여럿 있었다. 이모들은 쉬는 시간에 수다를 떨며 친목을 다지고, 수업이 끝나면 통일교회에 같이 가기도 했다. 엄마와 이모들이 모여 한국어로 구연동화 대회를 열기도 했는데 나와 동생의 바람과 달리 엄마가 상을 받은 적은 없었다.

처음 엄마를 따라 복지관에 다닐 때 한글 반에는 외국인 이모들이 30명 정도 있었다. 엄마는 공공 도서관에서 운영하는 수업에도 다녔는데 거기에는 반이 세 개나 있었다. '가나다라'부터 배우는 복지관의 기초 한글 수업에서 좀 더 심화된 내용을 알려주는 수업으로, 높임말을 배우기도 했다. 수업을 잘 따라오는 사람들은 다 일본 이모들이었다. 다른 언어에 비해 한국어와 일본어 발음이 서로 닮아서 그런 것 같다. 엄마 같은 필리핀 출신을 비롯해 태국, 베트남 등지에서 온 이모들은 다들 한국어 발음을 어려워했다(엄마는 한국에 온 지 20년이 넘었지만 여전히 한국어가 어렵다고 한다). 그래도 엄마는 한국어 공부를 정말 열심히 했다. 나와 동생들이 걱정되었기 때문이다. 엄마의 서툰 한국어가 우리의 언어 발달에 영향을 줄까 봐 걱정을 많이 했다. 또 우리와 한국어로 잘 소통하고 싶어서 더 열심히 공부했다.

센터에는 한글 수업뿐만 아니라 벨리댄스, 꽃꽂이, 머리카락 자르기 같은 간단한 미용 기술, 베이킹과 요리 교실도 있었다. 엄마는 베이킹에도 관심이 있었지만 농사 시기와 겹쳐서 수업까지는 듣지 못했다. 이따

금 한복을 입고 〈도라지 타령〉에 맞춰 춤추는 등의 한국 문화 수업도 들었다. 지역 문화예술관에서 엄마가 한복을 입고 춤을 춘 사진과 동영상을 본 기억이 남아 있다.

다문화가족 지원센터에서는 엄마들뿐만 아니라 아이들을 위해서도 재미있는 활동을 자주 만들어주었다. 그중 가장 기억에 남는 것은 노래 대회였다. 나와 동생이 동요 〈네잎 클로버〉를 부르고 1등을 했다. 엄마가 무척 좋아했기 때문에 더 기억에 남는다.

그 어려운 한국어를 배우기 위해 없는 시간을 쪼개 몇 년을 공부했지만 엄마의 한국어는 크게 늘지 않았다. 상중하로 구분하자면 중급 정도. 기본적인 대화야 오갈 수 있었지만 더 깊은 대화를 하려는 순간 어느 한쪽의 입이 막혀버렸다.

엄마와 이야기하다 보면 소통이 끊어지곤 했다. 엄마는 단어가 입 밖으로 제대로 나오기까지 시간이 오래 걸렸다. 우리는 엄마의 서툰 한국어를 들으며 엄마가 하고 싶은 말을 찾기 위해 스무고개 하듯 이것저것 단어를 던져보았지만 그마저도 실패할 때가 많았다. 마음은 누구보다도 가까웠지만 엄마와 우리 사이에는 벽이 있었다.

초등학교 졸업식에서 부모님의 영상 편지를 띄워주는 시간이 있었다. 그때 엄마는 서툰 한국어 대신 유창한 영어로 편지를 남겼다. 엄마의 사정을 먼저 헤아린 영어 선생님이 한글 자막을 달아주겠다고 약속했기 때문이다. 하지만 졸업식에서 본 영상에는 자막이 없었다. 이유는 모르겠지만 선생님은 약속을 지키지 못했고 그래서 나는 엄마의 마음을 하나도 알아들을 수 없었다. 첫 아이가 첫 학교를 졸업하는 뿌듯한 순간에 아이에게 직접 전하고 싶었을, 무엇보다도 진심이고 진지했을 그 마음을 말이다. 그날 처음으로 영어 공부를 더 열심히 하지 않은 것을 후회했다.

바이링구얼 환상

이주배경청년은 외국인 부모의 언어를 유창하게 한다는 편견이 있다. 가족 구성원 중 한 명이 외국인이라면 이중 언어 사용자가 될 가능성이 높긴 하다. 그러나 우리 집은 아니었다.

친구 써니가 텔레비전 예능 프로그램을 보다가 한국어는 물론이고 필리핀에서 온 엄마에게 배워 타갈로그어도 잘 구사하는 이주배경청년을 보았다고 한다. 엄마와 이웃 이모들과 타갈로그어로 소통한다니 참 대단하다고 생각했다.

나는 언제나 타갈로그어를 배우고 싶다고 바라기만 할 뿐 실제로 시도해본 적은 없다. 외갓집에 갈 때마다 타갈로그어를 배웠더라면 사촌들과 더 재밌게

놀았을 텐데 하고 후회하지만 집에 돌아오면 또 잊어 버린다. 왜 우리에게 타갈로그어를 가르치지 않았냐고 물어본 적이 있다. 엄마도 그러고 싶었지만, 그럴 수 없었다고 했다. 첫 번째 이유는, 필리핀 언어 특성상 지역별로 사투리가 엄청 다양하기 때문이다. 엄마의 고향인 북동부 지역 사투리를 브리아나 이모의 고향인 남부 지역에서는 알아들을 수 없다. 우리 집에서 외삼촌의 결혼식을 담은 비디오를 함께 보던 날, 브리아나 이모는 한 마디도 못 알아듣겠다며 엄마에게 통역을 부탁했다.

엄마 고향은 필리핀의 수도인 마닐라에서 차로 5시간을 타고 가야 도착한다. 그 거리만큼 엄마의 지역 사투리는 표준어인 타갈로그어에서 멀어진다. 외할머니와 외할아버지는 온전히 사투리만 쓰고, 사촌 동생들은 거의 타갈로그어를 쓴다. 엄마는 그 사이에서 사투리와 표준어를 각각 구사한다. 식사 시간에 밥 먹으라고 식구들을 부를 때도 외할머니에게는 사투리로, 일곱 살 난 조카에게는 타갈로그어로 말한다. 둘의 발음은 완전히 다르다.

게다가 필리핀 사람들은 영어와 스페인어도 섞어

쓴다. 미국과 스페인에게 식민 지배를 당한 역사에 더해 세계화의 영향도 크다. 엄마가 숫자를 셀 때 쓰는 언어는 스페인어다. 외국인과 이야기할 때는 영어를 쓴다. 엄마의 언어 스펙트럼은 너무 넓다. 그래서 엄마도 뭘 어떻게 가르쳐야 할지 몰랐다고 했다.

당신의 언어를 자식들에게 가르치겠다고 마음먹었더라도 성공하기 어려웠을 것이다. 우리에게 말을 가르칠 여유가 없었기 때문이다. 한국 생활에 빠르게 적응하기 위해 읍내의 사회복지관까지 오가며 한국어를 배우는 것만으로도 벅찼다. 집에서는 자식들을 먹이고 씻기고 재우기에도 시간이 빠듯했다. 그러니 아이들을 책상 앞에 앉혀놓고(책상도 없었지만) 모국어를 가르칠 시간이 없었다. 무엇보다 엄마는 나와 동생들이 한국어를 부족함 없이 잘하기를 바랐다. 당신의 서툰 한국어 때문에 아이들까지 서툰 한국어를 익히게 될까 봐 노심초사했다.

옆집 이모 역시 우리 엄마처럼 아이에게 자신의 모국어를 가르칠 시간은커녕 한국어를 배울 시간도 내기 어려웠다. 베트남에서 온 옆집 이모는 한국에 온 지 얼마 되지 않아 아이를 낳았다. 아이를 키우면서도 공장에 나가 일을 하느라 집을 비울 때가 많았다. 그렇게 언어교육은 전적으로 공교육의 몫이었다. 언어를 가정에서 가르치지 못한 것은 무책임한 것도 아니며, 당연하다.

나와 첫째 동생은 유치원에 가기 전까지는 엄마의 말을 자연스레 듣고 익혀서 몇몇 타갈로그어를 구사했다고 한다. 가장 가까이에서 가장 많이 대화하는 상대가 엄마였기 때문이었을 것이다. 그때는 엄마에게 '젖었다'나 '머리카락'을 타갈로그어로 말할 수 있었고, 그러면 엄마는 젖은 양말을 갈아 신겨주거나 머리를 묶어주었다고 한다. 지금은 나와 동생 모두 그 말들을 기억하지 못한다.

4개 국어를 한다는 건 엄청난 스펙이지만 그게 이주여성이라면 말이 달라진다. 동남아 출신 이주여성의 모국어는 대부분 비주류에 속한다. 나도 타갈로그어가 비주류 언어이기에 굳이 배울 필요가 없다고 느꼈다. 외갓집에 자주 가는 것도 아니고 영어로도 충분히 소통할 수 있다고 생각해서다. 게으른 핑계다.

어떤 가정에서는 이주여성의 모국어 사용을 제지한다. 남편과 시부모가 부정적으로 보기 때문이다. 따라서 아이들에게 모국어를 가르치는 것은 고사하고 집 안에서 모국어를 사용하는 것 자체가 어렵다. 이렇듯 이주배경청년의 바이링구얼은 차별적 이유로도 저지된다.

그래서 앞서 말한 바이링구얼 구사자가 신기할 따름이다. 나는 써니가 말한 예능 프로그램을 보지는 않았지만 감히 추측하건대 이주여성이 어떤 의지를 갖고 의식적인 노력을 들여 일상에서 타갈로그어를 자주 사용하지 않았을까 싶다. 혹은 환경이 따라주었거나.

무엇이든 어디서나 한꺼번에

작년에 〈에브리씽 에브리웨어 올 앳 원스〉라는 영화를 보았다. 중국에서 미국으로 건너온 이민자 가정이 나오는 영화다. 주인공 이블린은 이주민 1세로, 그가 세탁소를 운영하면서 가장이자 엄마이자 딸로서 쉴 틈 없이 생활하는 동안 딸 조이는 어느덧 성인이 되었다. 영화는 이블린과 남편이 세금 문제로 곤란을 겪는 것으로 시작된다. 고압적이고 차가운 고층 빌딩에 들어선 부부는 딱딱하고 엄격한 세무서 직원과 대화를 해야 하지만 영어가 서툰 데다 복잡하고 까다로운 용어들 때문에 진땀을 뺀다. 생계가 달린 중요한 자리지만 대화는 전혀 진전되지 않고, 결국 답답한 세무서 직원이 말한다.

"딸은 어디 있어요? 같이 오기로 한 줄 알았는데."

영화의 이블린과 한국에 온 우리 엄마의 모습이 겹쳐 보였다. 그리고 세무서 직원이 기다리는 딸 조이, 그게 나다. 영화 후기에서 이민자 가정은 부모가 말이 서툴러서 자식이 언제나 통역해주어야 한다는 것을 새롭게 알게 되었다는 글을 읽었다. 오, 이게 새로울 수가 있구나!

엄마의 말을 통역해주는 것, 나에게는 항상 있는 일이었다. 쇼핑을 할 때, 관공서에 갈 때, 부모님 앞으로 온 서류나 학교에서 보낸 알림장을 읽어야 할 때, 문자메시지를 확인할 때 난 항상 엄마 옆에 붙어서 엄마가 잘 이해했는지 확인하고 상대에게 엄마의 말을 전달하는 일을 도왔다.

한국에 건너와 23년 넘게 살면서 엄마는 한동네 이웃들과는 어느 정도 편하게 이야기할 수 있게 되었다. 편한 사이끼리는 천천히 말해도 상대가 기다려준다는 믿음이 생겼고, 또 서로의 말투에 익숙해져서 자세히 또박또박 말하지 않아도 대충 잘 통하는 대화법이 자리 잡은 것이다. 심지어 마을 사람들과는 한국말로 농담도 한다. 반면에 관공서나 낯선 상점에 갈 때 엄마는 엄청 긴장한다. 평소에 듣거나 쓰지도 않는 정중한 말투가 엄마에게는 너무 낯설고, 사무적인 단어나 표현도 익숙하지 않아서다. 자주 가는 읍내의 가게에서는 안부도 나누고 원하는 것을 제대로 요구하면서 편하게 쇼핑하지만, 가끔 백화점 같은 데를 가면 너무 긴장한다. 특히나 필리핀에서는 사람의 눈을 보면서 이야기하는 게 무례하다는 인식이 있어서 가뜩이나 긴장한 엄마가 눈을 피하며 조그만 목소리로 천천히 이야기하면 눈앞의 상대와 대화가 더욱 어려워진다. "일단 살펴보고 필요하면 부를게요"라거나 "이 제품, 같은 색깔로 더 작은 사이즈가 있나요?" 같은, 우리에게는 아무것도 아닌 말도 엄마에게는 여전히 너무 어렵다. 엄마가 대화 내용을 이해하지 못할 때 내는 특유의 "아?" 소리가 있는데, 다른 사람이 들으면 이해가 됐다는 뜻으로 들릴 수도 있다. 나와 내 동생들은 거기에 익숙해서, 엄마가 "아?" 하면 옆에 바짝 붙어서 통역을 해준다.

문자메시지를 읽을 때도 비슷하다. 엄마는 문자메시지가 오면 안경을 끼고 글자 크기를 최대로 키워 천천히 읽다가 아빠나 우리를 부를 때가 많다. 주로 은행에서 보낸 금융 상품 홍보 문자나 광고, 우리들이 다니는 학교에서 보낸 안내문 같은 것이다. 엄마는 읽고 이해를 했어도 혹시나 놓친 것이 있을까 싶어 우리에게 한번 더 확인을 받는다. 딸 셋을 키우면서 학교 안내문에는 점점 익숙해져서 월별 일정 계획이니 급식 식단표니 체험 학습이니 스쿨 뱅킹이니 하는 것들을 금방 이해하게 되었는데, 문제는 쓸데없이 날아드는 홍보 문자다. 맥락을 파악할 수도 없고 누가 왜 보냈는지도 알 수 없는 문자는 엄마를 더 혼란스럽게 만든다. 그걸 봐달라고 가져올 때마다 우리는 "이거 광고 문자야. 무시하면 돼"라고 말하지만, 엄마는 혹시 중요한 소식을 놓칠까 봐 온갖 쓸데없는 광고 문자들을 그냥 무시하지도, 함부로 지우지도 못한다.

하지만 외갓집에 갈 때면 상황이 달라진다. 필리핀 공항에 내리자마자 엄마의 말투는 완전히 달라진다. 엄마가 출입국 심사대에서 까다로운 질문들에 타갈로그어로 똑 부러지게 대답하면서 가뿐히 통과할 때 너무 멋져 보인다. 한국어를 할 때와 타갈로그어로 말할 때는 목소리도 다르다. 딱딱한 대화든 친근한 수다든 엄마가 우리 없이도 맘껏 나눌 수 있으면 좋을 텐데.
무엇이든 어디서나 한꺼번에.

필리핀 가족

엄마의 고향은 필리핀의 수도 마닐라에서 차로 5시간 떨어진 거리에 있다. 필리핀 루손섬 서부에 위치한 잠발레스주의 칸델라리아라는 도시에 있는 인구 2천 명 규모의 작은 마을이다.

4~5년에 한 번씩은 외갓집에 간다. 보통 외갓집을 가는 이유는 친척 결혼식 같은 집안 행사에 참석하기 위해서다. 필리핀 친척들은 흥이 많다. 잔치를 하면 밤새워 춤을 추고 노래를 한다(아무도 시끄럽다고 신고하지 않는다). 한번 잔치가 열리면 짧게는 사흘, 길게는 일주일 정도 온 마을이 떠들썩해진다.

외갓집 식구들과는 자주 볼 수 없기에 만나면 더욱 애틋하고 서로 환영하는 분위기다. 외할아버지는 엄마와 만나고 헤어질 때마다 눈물을 흘린다. 외할머니는 그런 외할아버지를 보며 못 말린다는 듯 웃는다. 이모와 삼촌들은 장난을 많이 치고 노래를 즐겨 부른다. 사촌들은 말이 잘 통하지 않아도 우리와 노는 것는 것을 좋아한다. 사촌들과 바다나 강에 가서 물놀이를 하고 불가사리와 조개를 주우면서 놀면 시간 가는 줄 모른다.

외갓집은 방 3개에 부엌, 거실이 있는 주택으로 우리 집보다 컸다. 시멘트 벽돌을 쌓고 슬레이트 지붕을 얹은 집으로, 외갓집이 있는 동네에서는 일반적인 형태다. 차를 타고 동네를 지나가다 보면 회색 집들 사이에서 노란색이나 하늘색으로 칠해진 환한 벽에 튼튼한 지붕과 아기자기한 테라스까지 갖춘 집들이 눈에 띄었다. 대개 동네에서 좀 잘사는 집이거나 미국인이 주인인 집이라고 했다. 엄마는 외갓집도 그렇게 꾸미고 싶다는 꿈이 있었다. 그래서 열심히 농사를 지어 번 돈을 쪼개 외갓집에 다달이 부쳤다. 엄마는 집을 꾸밀 타일의 무늬와 페인트 색까지 일일이 골랐다.

외갓집이 막 보수를 시작하던 2019년, 가족 행사에도 참석하고 집수리에 필요한 것들도 확인할 겸 우리 식구는 다 함께 필리핀에 갔다. 외갓집에 도착한 다음 날 늦잠을 자고 있는데, 거실에서 큰소리가 나서 잠이 깼다. 그때까지 한 번도 들어본 적 없는 목소리로 엄마가 고함을 지르고 있었다. 어른이 다 된 조카와 싸우는 소리였다. 한참 기다리니까 목소리가 잦아들어 거실로 나가 보니 친척들이 거실에 잔뜩 모여 있었고 싸움은 끝난 듯했다.

또 하루는 외할아버지가 옆집 가게 아저씨와 집 앞에서 큰소리로 다투는 일도 있었다. 장난기가 많고 아이들에게 늘 다정하던, 엄마 앞에서 눈물을 자주 흘리던 외할아버지가 그렇게 무섭도록 화를 내다니. 외할아버지는 우리에게 앞으로는 옆집에 가지 말라는 말까지 했다.

엄마와 외할아버지를 화나게 했던 이유는 같았다. 엄마의 조카와 옆집 아저씨는 그때 엄마에게 돈 쉽게 벌려고 한국까지 가서 결혼한 거 아니냐고 이야기했던 것이다. 부자가 아닌 외갓집 친척들이나 이웃들이 엄마가 '부자 나라'에 시집을 가더니 집을 다 고친다면서 수군거리는 모양이었다. 그중에서 엄마의 조카와 옆집 아저씨가 그 소문을 기어이 엄마와 외할아버지 앞에서 입 밖으로 내뱉고 만 것이다. 어른들에게 전해 들은 말이어서 그들이 정확히 어떤 단어와 문장을 썼는지는 알 수 없었지만 아무튼, 그 사람들은 틀렸다. "부자 나라로 시집가서 쉽게 돈 버는 사람"이라는 말은 엄마를 몰라도 한참 모르고 하는 소리다. 한국과 필리핀의 물가가 달라서 엄마의 수입이 커 보일 수 있다. 실제로 엄마는 한국으로 오고 나서 친척들 중 가장 돈을 많이 버는 사람이 되었다. 그래서 외갓집도 고치고 한번씩 필리핀에 갈 때마다 집안 살림에 필요한 것들을 이것저것 사줄 수 있게 되었다. 하지만 그 사람들은 모른다. 그 돈은 엄마가 이른 봄부터 늦가을까지 그 작은 시골 마을에서 논과 밭의 비닐하우스를 바삐 오가면서 어깨와 손목과 무릎과 허리를 갈아 넣은 노동으로 번 돈이라는 걸. 틈틈이 아이 셋을 키우고 남편과 시어머니를 보살피며 1년, 5년, 10년, 20년이 다 되도록 알뜰살뜰 돈을 모은 덕분에 고향집을 꿈에 그리던 모습으로 고칠 기회를 얻었다는 걸.

새로 지은 우리 집에는 기름보일러가 있지만 한때는 기름 값을 아끼려고 보일러 대신 화목 난로를 들였다. 엄마는 겨울에 새벽마다 장작을 때러 일어났었다.

처음 한국에 오기로 결심했을 때 엄마는 이런 생활을 기대했을까?

아니었을 것이다. 내가 보기에는 필리핀에 두고 온 엄마의 고향이 더 살기 좋은 곳 같다. 엄마의 고향에는 어르신들이 있고 아직 젊은이도 많고 아기도 계속 태어난다. 집 가까이에 초등학교가 있고, 동네 군데군데 마련된 농구 코트에서는 청소년들이 농구를 하고, 간단한 식재료나 군것질거리를 살 만한 작은 가게도 한 블록마다 있다. 동네 슈퍼를 가려면 2.5 킬로미터를 걸어 나가야 하는 우리 마을과는 전혀 다르다. 엄마는 이주 결혼 후 삶의 질이 크게 좋아지지 않았음에도 불평하지 않았다. 한국과 필리핀 가족을 먹여 살리기 위해 노력했다. 엄마는 가족들에게 존중받아 마땅하다. 말도 안 되는 비난을 받을 것이 아니라.

한국식 필리핀 가정식

아무도 찾지 않지만 할머니 때문에 어쩔 수 없이 해먹는 대보름의 찰밥이나 동짓날의 팥죽과 달리 어릴 때부터 자주 먹어서 우리 자매들 입에 밴 음식은 엄마가 해주는 밥, 필리핀 가정식이다. 우리 세 자매는 시니강, 아도보, 팍시우, 미노도 등 필리핀 음식을 자주 먹고 자랐다.

가장 대표적인 것은 시니강이다. 일종의 탕으로, 닭, 소, 돼지의 뼈나 살, 생선, 새우 등을 넣어 푹 끓인 후 캉콩(시금치류), 시타우(콩류), 오크라(끈적한 식감을 가진 고추 모양의 채소), 가지, 토마토 등 갖가지 채소를 넣는다. 엄마는 한국에 와 살면서 여기에 시원한 맛이 나는 배추를 추가해 엄마만의 레시피를 만들었다. 시니강은 고깃국이지만 새콤한 맛이 나는 게 포인트인데, 이 새콤한 맛은 삼팔록(어릴 땐 신맛이 나고 자라면서 달아지는 콩 모양 열매)이 담당한다. 삼팔록과 함께 안 익은 망고나 엄청나게 신맛을 내는 카미야스 열매 등을 으깨거나 썰어서 넣기도 한다. 이 재료들로 신맛을 충분히 내야 시니강이라고 부를 수 있다. 엄마가 처음 한국에 왔을 때만 해도 삼팔록 같은 재료들은 구하기가 어려웠는데 요즘에는 한국에서도 삼팔록을 말린 가루를 판다. 그래도 엄마는 필리핀 외갓집에 갈 때마다 이런저런 식재료를 든든히 사 오기도 하고 필리핀에 다녀오는 마을 이모들에게 사다 달라고 부탁하기도 한다.

아도보는 볶음 요리다. 캉콩, 시타우 등 야채로도 만들 수 있고 참치 등의 생선이나, 돼지나 닭 같은 고기로 만들기도 한다. 생선이나 고기로 만들 때는 다진 마늘, 후추, 월계수 잎, 술, 사이다 등에 30분 정도 미리 재워 잡내를 잡은 뒤 간장, 식초, 설탕 등을 섞은 소스에 조린다.

미노도는 아도보와 같은 볶음 요리인데 간장과 식초 대신 설탕과 토마토소스를 쓴다. 당근, 강낭콩,

감자 등 야채와 돼지와 닭의 간이나 돼지고기, 닭고기를 넣는다. 미노도는 아도보보다 국물이 많은 편이어서 얼핏 보면 빨간 카레 같다.

소파스는 닭죽과 비슷한 수프다. 다진 소고기, 닭고기, 돼지고기 등으로 만든다. 당근, 양배추, 감자 등을 깍둑썰기로 넣고 마카로니를 넣기도 한다. 볶은 고기에 물을 붓고 끓여 육수를 낸 후 야채를 넣고 소금, 후추 등으로 간을 맞춘다. 마지막에는 우유를 약간 넣기도 한다. 엄마는 우리가 아플 때 소파스를 끓여 주곤 했는데, 주로 닭고기를 넣어 만들기 때문에 열을 떨어뜨리는 데 좋다고 했다.

테놀라는 필리핀식 닭곰탕이다. 안 익은 파파야, 모링가 잎, 생강, 후추, 소금을 넣어 만든 요리로 신맛은 나지 않고 한국의 닭곰탕과 거의 같은 맛이다. 맵게 하고 싶다면 필리핀 고추인 라보요 칠리를 넣어 먹기도 한다. 안 익은 파파야 대신 무를 넣어 한국식으로 만들 수도 있다.

특별한 날에는 룸피아나 레촌을 먹기도 한다. 룸피아는 튀긴 만두다. 만두소로 다진 돼지고기, 소고기에 양파, 토기(숙주나물)를 넣는다. 만두피에 소를 넣고 원통형으로 말아서 기름에 바싹 튀겨내 살사 소스나 식초에 찍어 먹는다. 이건 주로 지역에서 주최하는 다문화 한마당 축제에서 자주 먹어봤다. 레촌은 돼지 통구이 바비큐다. 가정식은 아니고 특별한 날에만 먹는데 내 생일에 필리핀에서 외가 친척들이 레촌을 만들어준 기억이 있다.

메리엔다는 간식용 튀김이다. 튀긴 바나나나 고구마에 녹인 흑설탕을 묻혀 꼬치에 꽂는다. 요즘 유행하는 탕후루의 흑설탕 버전이다. 참포라는 초콜릿 죽이다. 초콜릿과 죽이라니 생소한 조합이라고 생각할 수 있지만 필리핀에서는 주로 아침밥으로 먹는 흔한 음식이다. 찹쌀을 물에 불린 후 코코아가루를 넣고 끓인다. 기호에 따라 우유 또는 설탕을 넣어 달콤함과 부드러움을 더한다.

필리핀 음식은 대개 새콤한 맛이 난다. 그래서 나는 시큼한 과일은 잘 안 먹어도 식초가 들어간 음식은 좋아한다. 필리핀 사람들은 기본적으로 신맛을 좋아한다. 한국 사람이 매운맛을 좋아하는 것과 비슷하다. 식초도 많이 쓰고 새콤한 맛을 내는 향신료도 많이 쓴다. 원래 신맛이 나는 음식이 아니더라도 깔라만시(신맛이 나는 시트러스계 과일로 라임과 비슷하다)를 넣어 신맛을 더하기도 한다. 엄마는 북부의 루손 지역 출신이어서 엄마의 요리법이 그 지역에 한정된 것인지도 모르겠다. 필리핀은 남한의 세 배 정도로 크고(엄마의 고향인 루손 지역이 남한과 비슷한 크기다) 여러 개의 섬으로 이루어져 있어서 지역마다 언어와 종교가 다른 만큼 식문화도 차이가 꽤 크다고 한다. 하지만 엄마가 자주 해주던 시니강, 아도보, 미노도 등 앞서 소개한 음식은 전 지역을 아우르는 전통 음식이다.

나는 한국 사람들에게 호불호가 극명하게 갈린다는 파인애플 피자도 좋아하는데, 엄마가 즐겨 해주던 새콤한 음식의 영향이 큰 것 같다. 동남아 지역은 쌀과 과일이 풍부해 그 둘을 섞은 음식이 많다. 과일은 가열하면 더 달아지는데, 달콤한 과일과 밥 또는 빵이 은근히 잘 어울린다. 엄마는 약밥을 할 때도 필리핀식으로 코코넛 밀크를 넣어 만든다. 우리 세 자매는 간장을 넣은 약밥보다 엄마의 코코넛 밀크 약밥을 훨씬 좋아한다.

바나나를 찌면 더 맛있다는 것도 엄마에게 배웠

다. 엄마는 덜 익은 바나나가 있으면 한두 개는 꼭 쪄 먹는다. 딱딱하고 떫은맛이 나는 바나나도 쪄내면 말랑해지고 단맛이 강해진다. 밀크티를 파는 카페가 한창 유행할 때, 타로 밀크티라는 걸 처음 먹어보고 너무 반가웠다. 달달하고 코코넛 밀크 맛이 나는 게 엄마가 해주던 집밥이 생각났다.

엄마의 고향은 필리핀에서도 천주교가 널리 퍼진 마을이다. 그래서 엄마는 크리스마스를 아주 중요하게 생각한다. 필리핀의 크리스마스 시즌은 9월부터 시작된다고 한다. 우리 집도 크리스마스가 되기 3개월 전부터 트리를 꺼내고 캐럴을 튼다. 크리스마스나 식구들 생일 같은 기념일에는 엄마의 음식도 특별해진다. 우선 마카로니 샐러드. 마카로니, 후르츠 칵테일, 치즈 큐브, 건포도를 연유와 마요네즈와 섞어 냉장고에 넣어 시원하게 먹는다. 여기에 코코넛 밀크로 만든 약밥도 빼놓지 않는다. 반싯은 필리핀식 잡채인데 면이 얇고 길기 때문에 장수를 의미해서 생일상에 꼭 올린다. 소파스에 베이컨을 곁들이기도 하고 토마토 스파게티도 즐겨 먹는다.

새해에는 동그란 과일과 음식을 탑처럼 쌓는데, 그 모양이 동전을 연상시켜서 집안에 돈이 들어오라는 의미라고 엄마가 알려줬다. 새해 우리 집 식탁에는 떡국과 함께 층층이 쌓은 귤, 계란, 방울토마토 등이 나란히 오른다. 다 엄마가 만든 우리 집만의 전통이다.

엄마의 꿈

엄마는 거실 텔레비전으로 필리핀 현지 사람이 올리는 브이로그를 자주 본다. 카페나 맛집을 찾아다니는 젊은이들의 영상보다 깊은 시골에 사는 사람들의 일상 브이로그를 즐겨 찾는다. 옹기종기 모여 있는 집들과 어린아이들로 북적거리는 골목, 길거리의 이동식 음식점, 울창한 바나나 나무들…. 화면 속 풍경은 외갓집이 있는 동네와 비슷하다.

엄마는 한국에서 24년을 살며 아이 셋을 낳았다. 그러니까 엄마는 나보다 더 오래 한국에서 살았다. 한국어로 말하고, 한국의 전통을 따르고, 한국의 생활양식을 따르고, 한국 음식을 익혀서 이제 한국인 다 됐다는 소리를 듣지만 한국인은 아니다. 여전히 고향으로 돌아가고 싶어 한다.

외갓집은 엄마에게 행복함을 주는 공간이다. 가족이 있고 자유가 있는 곳, 행복한 추억이 가득한 곳이다. 가난했지만 외할아버지가 잡아 온 생선을 구워 먹고 아껴둔 달걀을 삶아 먹던 그 시절의 이야기를 들려줄 때 엄마는 정말 행복해 보인다.

엄마는 열두 살에 초등학교를 졸업한 뒤 중등학교*에 진학하지 않고 집안일을 했다. 학교를 다닐 만큼 집안 사정이 넉넉지 않았고 또 그때 쌍둥이 동생들이 태어나 집에서 일할 사람이 필요했다. 아침에 깨끗한 교복을 단정하게 차려입고 학교에 가는 친구들이 부러웠지만 어쩔 수 없었다. 그렇게 2년 동안 집에 남아 빨래와 청소 등을 도맡아 했다.

열다섯 살, 다른 친구들보다 늦은 나이에 중등학교에 들어갔지만 집안 상황이 나아지지 않아서 2년 만에 학업을 중단하고 외할머니의 친척 집에서 일했다.

* 한국의 중학교와 고등학교를 통합한 것으로, 당시 필리핀의 교육제도는 초등학교 6년과 중등학교 4년을 마치면 대학에 진학하는 10학년제였다. 2016년부터 지금의 12학년제로 바뀌었다.

월급은 없었고, 친척이 가끔씩 주는 용돈을 수입으로 삼았다. 그렇게 1년을 보낸 후 복학해서 열아홉 살에 졸업했다. 대학 진학은 엄두도 낼 수 없었다.

스무 살부터 본격적으로 돈을 벌기 시작했다. 처음에는 동네 시장에 있는 문구점에서 판매원으로 일했다. 큰언니(나의 큰이모)와 함께 일을 했는데 "어서 오세요", "한번 둘러보고 가세요" 하면서 싹싹하게 손님들을 불러 모으는 큰언니를 따라 하기에는 너무 수줍음이 많았다. 그래도 1년을 버텼지만 외할머니가 갑자기 입원을 하게 되어 간병을 하기 위해 일을 그만두었다. 엄마는 아픈 외할머니를 6개월 동안 보살폈다.

스물한 살에는 식당을 운영하는 중국 사람의 집에서 가사 노동을 했다. 엄마를 포함해 세 사람이 교대로 요리, 청소, 아기 돌보기 등을 하며 달마다 1,200페소(약 2만 8천 원)를 벌었다. 집주인과 아이들의 언어폭력과 고된 노동에 시달리다가 2년 만에 그만두었다. 그 뒤로 큰이모 집에서 살면서 이런저런 단기 일자리를 옮겨 다니며 일했다. 식당에서 손님에게 자리를 안내하고 메뉴를 소개하고 서빙하는 등의 일을 주로 했다.

스물다섯 살이 되어 중국인이 운영하는 백화점에

취직했다. 오전 8시부터 10시까지는 백화점 건물 1층에 있는 마트에서 캐셔가 계산한 물건을 장바구니에 담아주는 일을 했다. 점심시간이 따로 없어서 잠깐 틈이 날 때 도시락으로 해결했다. 마트 일이 끝나는 오전 10시부터 오후 9시까지는 4층의 매장에 올라가 향수, 옷, 가구 등의 물건을 손님에게 보여주며 안내하는 일을 했다. 잘 다린 유니폼을 입고 손님의 시중을 들고 친절과 미소를 유지하면서 말이다. 실수라도 하는 날에는 사장이 손님 앞에서 가차 없이 혼냈다. 월급은 1,500페소였다. 그렇게 3년 넘게 일을 하다가 친한 언니에게 통일교회를 소개받고 결혼을 결심했다. 마침 집을 떠나 이런저런 일을 경험하면서 다른 나라에서 살아보고 싶다는 생각을 키우던 시기였다.

모든 식구가 궁금해하지 않았고 엄마도 먼저 말을 꺼낸 적이 없던 이야기. 아빠를 만나기 전에 백화점에서 일을 했던 것, 거기서 같이 일하던 언니의 소개로 아빠와 결혼하게 되었다는 것 말고는, 이 책을 쓰면서 처음 듣는 이야기였다. 엄마는 우리 자매에게 늘 어떤 대학교를 가든 상관없다고, 졸업만 하면 된다고 말했다. 그 말을 들을 때는 그냥 공부 압박을 덜어주기 위한 응원인 줄로만 알았는데 엄마의 이야기를 듣고 진짜 뜻을 알게 되었다. 내가 대학에 떨어져서 재수를 하게 되었을 때 왜 그렇게 슬퍼했는지, 재수 끝에 들어간 학교를 휴학하겠다고 했을 때 왜 그렇게 당황했는지도 말이다. 자식만큼은 학업을 중단하지 않았으면, 전공이 무엇이든 대학에 꼭 다녔으면 하고 바랐던 것이다.

다른 나라에서 살아보고 싶다는 엄마의 꿈은 이루어졌다. 그리고 이제 엄마의 꿈은 고향에 돌아가는 것으로 바뀌었다. 엄마는 아빠가 먼저 돌아가시면 필리핀으로 돌아갈 것이라면서 이렇게 말한다. "사람은 누구나 늙으면 고향에 돌아가고 싶어 해." 우리가 어른이 되어 독립을 하고 아빠마저 떠나면 한국에 남아 있을 이유가 없다고 했다. 한국에는 당신의 자리가 없다고 생각하는 것 같다.

필리핀에는 이제 엄마가 부양할 사람도, 신경 써야 할 사람도 없다. 돌아가서 특별히 하고 싶은 건 없다고 한다. 그저 행복한 기억을 떠올리며 집에서 평화롭고 조용히 살기를 원한다고. 그렇다면 지금 살고 있는 한국 집은 무엇이냐고 엄마에게 물었더니 "상처를 받은 공간"이라고 대답했다.* 하지만 이 나라를 선택한 건 자신이고, 그래서 당신은 그 선택에 책임을 다했고 후회는 없다고 했다.

엄마는 자신의 선택에 대한 책임을 졌다고 말하지만 사실은 이 일들은 개인의 선택이 아니다. 이주 결혼의 뒤에는 한국 정부와 통일교가 있었다. 잉여 남성 및 노인 부양과 기피되는 지방의 일자리를 채우기 위해서였다. 나는 엄마가 한국에서 더 나은 생활을 할 수 있었다고 생각한다. 할머니가 엄마를 '한국인 며느리'처럼 대했더라면, 아빠가 엄마에게 더 살가웠더라면, 시골과 도시의 접근성이 더 좋았더라면, 사회가 가사 노

---

* 이주민에 대한 한국인의 배타적인 태도는 한국행 외면으로 이어진다. 필리핀 정부가 2022년 1월에 임금 착취, 여권 압류 등 차별이 만연해 있다는 이유로 한국으로의 계절 근로자 송출을 중단한 사례가 대표적이다. 2023년 1분기 유엔 국제이주기구(IOM) 조사를 보면, 베트남인이 선호하는 이주 희망 국가 1위는 일본이었으며 한국은 10위 밖이었다. 중국(96만여 명)에 이어 한국 내 체류자가 두 번째로 많은 베트남(29만여 명)에서조차 최근 한국에 대한 인식이 변화했다(「"애 낳으러 한국 온 거 아녜요"…이주민, 저출생 대책 도구 될라」, 『한겨레』, 2024년 6월 17일).

동과 농사의 가치를 알아줬더라면, 결혼이주여성을 존
중했더라면, 엄마는 상처받지 않아도 됐을 것이다.

　나는 엄마의 안녕을 바란다. 20년 넘는 시간 동안
타지에서 겪은 수고를 보상할 만큼의 휴식을 취하고
새로운 행복을 찾기를 바란다. 엄마 그 자체로 존중
받는 곳에서.

3

우리는 언제나 타지에 있다

나만 모르는 세상

어릴 때 발레리나가 되고 싶었다. 댄스 가수나 화가를 꿈꾸기도 했다. 춤추고 노래하는 것을 좋아했다. 그림을 그리는 게 재밌었다.

학년이 올라가면서 현실에 눈을 떴다. 꿈을 이루기에는 키도 너무 작고 예쁘지도 않고 재능도 뛰어나지 않다고 생각했다. 무엇보다 우리 집에서 가수나 화가의 꿈을 계속 키울 수 있을까 싶었다.

고등학교에 입학하고 나서 진로를 정하고 구체적인 장래 희망을 써내야 할 때면 난감했다. 아이들은 대개 가까이에서 꿈을 찾았다. 경찰 아들은 경찰을 꿈꿨고, 의사 딸은 의사를 꿈꿨다. 안정적인 삶을 원하는 친구들은 공무원이 되기를 선택했다. 나에게는 사회복지사라는 직업이 물 흐르듯 찾아왔다.

　나는 살아오면서 사회복지사의 도움을 받은 기억이 남들보다 많다. 엄마를 따라 자주 드나들던 복지관에서 나에게 책을 빌려주고, 요리 같은 체험을 같이 할 수 있게 해준 사회복지사분들. 국어와 영어를 유달리 좋아하고 잘하게 되면서 한때는 엄마처럼 한국에 이주해 온 외국인들에게 한국어를 가르치는 교사가 될까도 생각했는데, 알고 보니 그것도 사회복지사가 할 수 있는 일이었다. 마침 고등학교 때부터 인권 동아리에서 활동하면서 사회적 약자의 편에서 그들의 이야기를 듣고 목소리를 내고 싶다고 느끼던 참이었다. 나는 사회복지학과에 진학하기로 마음먹었다.

　사회복지학과가 개설된 대학교 중에 학비가 덜 부담스러운 국립대에 진학했다. 세 자매 중 첫째인 나는 다자녀 장학금 대상이어서 성적과 소득 분위만 충족되면 거의 모든 국내 대학에서 등록금을 지원받을 수 있었는데, 그걸 몰랐다(복지 제도의 당사자 중에 나처럼 정보를 얻을 통로가 없는 사람이 많을 것이다). 엄마와 아빠는 내가 학교와 학과를 고르는 일에 거의 관여하지 않았다. 친구들 이야기를 들어보면 나랑 상관없는 딴 세상 같았다. 엄마가 성적을 올리라고 혼을 낸다고 했고 아빠가 새로운 학원을 알아본다고 했다. 성적에 맞춰 진로 계획을 수정하고 등급을 어떻게든 올릴 방법을 부모님과 같이 궁리한다고 했다. 진로를 정할 때 부모님과 그렇게까지 많이 이야기하고 의논하는지 몰랐다. 사실 고등학생 때는 부모님 간섭이 없는 게 좋았다. 나중에 대학에 오고 생각하니 그때 친구들은 간섭이 아니라 도움과 지지를 받은 거였다.

우리 엄마가 사회복지학과가 있는 대학을 같이 알아본다? 사회복지사가 되기 위해서는 학생 때부터 봉사 활동을 열심히 해야 한다고 조언한다? 아빠가 시험 성적표의 숫자들을 하나하나 분석한다? 수시 합격을 위해, 성적을 더 올려야 하는 과목 때문에 새 학원을 알아본다? 친구들에게는 당연한 일이 나에게는 드라마나 만화에서만 나오는 이야기처럼 멀게 느껴졌다. 엄마 아빠도 나를 응원하고 도와주고 싶은 마음은 다른 부모들과 다를 바 없었을 것이다. 다만 할 수 있는 것이 그저 마음속으로 하는 기도였을 뿐.

혼자만의 방

2020년, 재수 끝에 집에서 많이 멀지 않은 국립대의 사회복지학과에 입학했다. 도시로 나와서야 이곳이 사람들이 말하는 진짜 한국이라는 것을 실감했다. 읍내에서만 살았어도 이렇게까지 놀라진 않았을 거다. 차도 사람도 별로 없는 우리 마을에는 가로등도 손에 꼽을 만큼 드물어서, 밤 산책을 나서면 마을 뒷산 아래에서 삼촌이 들려준 옛날이야기 속 도깨비라도 나올 것만 같았는데. 여기서는 시내버스가 이른 아침부터 늦은 밤까지 수시로 오가고 밤중에도 치킨이 배달된다. 영화관이 가까이에 있고 텔레비전 광고와 인터넷으로만 보던 프랜차이즈 식당과 카페를 언제든 갈 수 있다.

나는 무엇보다 대학에 들어와서 처음으로 내 방이 생겨서 좋았다. 옛날 집에서 엄마 아빠와 방을 같이 쓸 때는 프라이버시가 아예 없었다. 잠을 자고 싶을 때 잠을 잘 수 없었고, 일어나고 싶지 않을 때 일어나야 했다. 둘째가 태어날 때까지는 한방에서 넷이 사는 게 그럭저럭 괜찮았는데, 막내까지 태어나니 다섯 명이 한방에서 지내기가 점점 힘들어졌다. 방이 좁은 것도 문제였지만 그보다도 몸이 부쩍 크고 사춘기가 시작된 딸들에게 따로 방을 주지 못한 게 엄마는 내내 미안했다고 한다.

우리 자매들이 따로 지낼 컨테이너를 사서 마당에 놓자는 말이 나오기도 했다. 맨 처음 그 말을 들었을 때는 너무 설렜다. 나와 동생들만이라도 따로 머무는 공간이 있다면 정말 좋겠다고 생각했다. 하지만 엄마와 아빠는 조금만 있다가, 나중에, 내년에, 자꾸 미루기만 해서 어느 순간부터 기대를 놓았다. 지금 생각하면 컨테이너 가격도 가격이지만 그 안에 들어갈 가구를 살 돈, 냉난방 유지 비용 등 이것저것 따져보다가 결국 포기하신 것 같다.

고등학교 때는 생활 패턴이 똑같은 룸메이트들과 한방에서 적게는 두 명, 많게는 네 명이 함께 살아야 해서 기숙사 방이 내 공간이라는 감각이 전혀 없었다. 대학교 기숙사는 달랐다. 처음 대학교 기숙사에 도착했을 때가 생각난다. 내 방이 있는 9층까지 엘리베이터를 타는데 멀미가 났다. 방에 짐을 풀고 나니 저녁이 되었는데 고층에 생활공간이 있다는 감각이 신기했고 베란다가 있는 것도 마음에 들었다. 환하게 밝혀진 건물들, 도시가 내뿜는 빛 공해 때문에 구불구불한 산 능선을 따라 빛나는 불의 띠. 창으로 보이는 도시의 야경은 아름다웠다. 나만의 푹신한 침대, 나만 쓰는 책상, 나만 앉는 의자를 난생처음 가져보았다. 새로 산 이불의 사각거리는 소리와 감촉도 좋았다.

룸메이트가 있었지만 고등학교 기숙사와 달리 서로 생활 패턴이 달라서 방에 혼자 있는 시간이 많았다. 옆방에서 들리는 모르는 사람의 흐릿한 목소리, 창문을 통해 들어오는 햇빛과 산 공기, 멀리까지 보이는 도시 풍경, 널찍한 공간, 룸메이트의 옅은 향수 냄새까지 다 마음에 들었다. 수업이 없을 때는 기숙사에 틀어박혀 인터넷 강의를 듣거나 좋아하는 노래를 이어폰이 아닌 스피커로 들었다. 낮잠을 자거나 이불에 파묻혀 핸드폰을 봤다. 룸메이트가 방을 나가는 시간 만 기다리면서, 최대한 접촉을 피할 수 있는 2층 침대 를 사용하면서.

　기숙사 생활이 익숙해지면서 나만의 살림 체계를 만들기도 했다. 내 몫의 쓰레기를 버리고 책상도 열심 히 치우고 이불도 주기적으로 털었다. 빨래도 청소도 딱 내 몫만 하면 되는 일인분의 살림에 재미를 붙였다. 피규어도 사고, 외국 드라마에서 보던 것처럼 추억이 담긴 사진이나 좋아하는 가수의 포스터를 침대 옆에 붙였다. 샴푸와 비누, 화장품도 내가 좋아하는 향, 내 피부 타입에 맞는 것으로 샀다. 처음으로 가진 나만의 공간에서 나는 취향뿐만 아니라 생활 물가에 대한 감 각을 익혔다. 그렇게 입학 후 4학년 여름방학까지 기 숙사 생활을 했다. 그렇다고 같은 방에서 쭉 지낸 것 은 아니다. 대학 기숙사는 학기마다 새로 신청을 해야 해서 방을 쓰고 빼고, 짐을 풀고 싸기를 반복했다. 그 생활을 반복하다 보니 떠돌이 유목민이 된 기분이었 다. 방을 뺄 때가 되면 여기가 진짜 내 방은 아니라는 사실이 실감 났다.

중간에 딱 두 달, 2학년 여름방학에 자취를 했다. 방학이지만 본가로 돌아가기 싫었다. 미리 신청하면 방학 때도 기숙사를 쓸 수 있었지만 룸메이트 없이 혼자 살고 싶던 참에 에브리타임(대학생 커뮤니티 앱)에서 원룸 양도 글을 보고 충동적으로 결정한 일이었다.

자취는 기숙사 생활과 많이 달랐다. 기숙사가 공공시설을 돈을 주고 대여한 느낌이었다면, 자취는 나만의 공간을 구입한 느낌이었다. 임시이기는 하지만 온전히 내 것을 가진 기분이었다. 기숙사가 머무는 공간에 가까웠다면 원룸은 생활하는 공간이었다. 조리 도구와 냉장고가 있어 내가 먹을 것을 요리할 수 있었고 아무 때나 배달 음식도 시킬 수 있었다. 남은 음식은 냉장고에 보관했다. 욕실과 세면대가 공용이었던 기숙사와 달리 자취방에서는 욕실과 화장실도 나만의 것이었기에, 사용도 청소도 딱 내 몫만큼 했다. 살림의 폭이 넓어졌다. 냉장고, 전자레인지, 가스레인지, 환풍기 등 온갖 기구들의 청소 방법을 찾아보고 직접 해보았다. 몸은 힘들었지만 내 몫의 살림만 책임진다는 것이 정말 재밌었다.

시간도 내 것이었다. 새벽까지 불을 켜도 되고, 알

람 소리에 눈치를 보지 않고 내가 편할 때 꺼도 됐다. 나는 주로 늦은 오후에 일어나 새벽까지 깨어 있다가 동이 틀 때쯤 잠이 드는, 건강하지는 않은 생활을 했다. 그러더라도 아무도 간섭하지 않는 것, 이것이 완전한 자유라고 느꼈다.

하지만 원하는 만큼 자유롭기 위해서는 그만큼 높은 경제적 수준이 필요했다. 우선 식비가 예상보다 훨씬 많이 들었다. 식비와 생활비는 자취 시작 전 어렴풋이 짐작했던 예상치를 말도 안 되게 훌쩍 넘겼다. 많이 먹지 않는다고 생각했는데 의외로 식비에 돈이 꽤 많이 들었다. 식비뿐만 아니라 월세에 관리비까지, 큰돈이 달마다 빠져나가니, 자취 전에 모아놓은 돈이 쑥쑥 사라져갔다. 자취를 하니 몸도 정신도 너무 편한데, 그 편안함이란 꼭 그만큼의 돈을 내야만 누릴 수 있는 걸까? 엄마의 한숨과 아빠의 호통과 할머니의 잔소리가 없는 공간을 누리는 대가가 너무 컸다. 고향집에서 살면서도 이렇게 평온한 상태를 유지할 수 있다면 좋을 텐데. 집이 있어도 돌아가고 싶지 않고, 그렇다고 집의 상황을 바꿀 힘이 나에게는 없다는 것이 괴로웠다.

배려와 차별

써니와는 유치원부터 고등학교까지 쭉 같이 다니다가 서로 다른 지역의 대학에 들어가면서 처음으로 떨어져 지내게 되었다. 내가 재수로 입학이 늦어진 데다 휴학까지 해서 졸업을 미루는 동안 써니는 나보다 먼저 취업 준비에 뛰어들었다.

2023년 7월, 써니는 대학 졸업을 앞두고 초등학교 저학년 이후로 오랜만에 엄마와 함께 필리핀 외갓집에 갔다. 친척들은 써니를 크게 반겨줬다. 그중에서도 같은 또래에 취업을 준비하는 상황도 진로에 대한 고민도 비슷한 남자 친척과 친해져서 SNS 아이디를 주고받았다. 한국에 돌아온 뒤에도 친척은 꾸준히 DM을 보냈다.

같은 해 9월에 써니는 한 기업에 인턴으로 입사했다. 사회적 배려 대상자 전형으로 합격한 것이었다. 몇 달 후 써니의 회사 동료가 핸드폰을 보여주면서 모르는 외국인이 SNS 팔로우 신청을 했는데 알아보니 그 사람이 써니와 서로 팔로우가 되어 있다고, 혹시 아는 사람이냐고 물어봤다. 프로필을 보니 바로 필리핀에 사는 친척이었다.

그 순간 써니는 수치심을 느꼈다고 한다. 동료에게 '그 외국인'을 설명하려면 먼저 자신이 다문화가정 자녀임을 말해야 하는데, 그때까지 회사의 어느 누구에게도 그 사실을 밝힌 적이 없었기 때문이다. 써니는 자신이 다문화가정 자녀라는 것을 알게 되었을 때 동료들이 보일 반응이 두려웠다. 써니가 우대 전형으로 합격했다고 짐작하는 것이 싫었다. 다문화가정 자녀로서 가점을 받은 것은 맞지만 그게 다가 아닌데, 입사를 위해 들인 노력보다 특별 전형의 혜택을 받은 수혜자라는 이미지가 부각될까 봐 불안했다. 동료의 가벼운 질문 한마디에도 써니의 머릿속에는 오만가지 생각이 스쳤다.

써니가 속앓이를 한 것이 무색하게도 필리핀에 사

는 친척에 대한 이야기를 들은 동료는 별 반응 없이 대수롭지 않게 지나갔다. 하지만 그 후 써니는 친척이 자신의 인스타그램 스토리를 보지 못하게 설정을 바꿨다.

공기업을 비롯한 많은 기업이 사회적 배려 대상자 우대 채용을 실시하고 있다. 대표적으로 국가유공자 전형과 장애인 전형이 있다. 대부분의 공기업 채용 공고에 이 두 가지는 무조건 있다. 이 두 전형은 전형 대상자에게 서류나 필기 혹은 면접 전형에서 가점을 준다. 장애인 전형은 일반 전형과 구분해 인원을 따로 뽑기도 한다. 그 외에 한부모가족, 다문화가정, 차상위계층 등 사회적 배려자에게 우대 가점을 주는 전형이 있다. 사회적 약자를 보호하고 평등한 사회를 만들기 위한 제도라는 점에서는 꼭 필요하고 반갑지만, 그것을 활용하기 위해 우리는 스스로 '배려'받아야 할 대상임을 증명해야 한다. 채용이 된 후에도 취업을 위해 들인 노력이 과소평가되고 가점과 우대에만 관심이 쏠린다. 당사자마저도 사회적 배려 대상자 전형이 역차별 논란*을 불러올 수 있다고 말해서 좀 놀랐다.

일반 취업 준비생들 사이에서 역차별이니 특별 대우니 하는 말을 하도 들어서 그런 것 같다. 써니는 사회적 배려 대상자로 채용된 사실이 회사 동료들에게 알려지지 않으면 좋겠다면서 말했다. "세상엔 시기 질투하는 사람이 많거든."

다문화가정 자녀라는 사실을 알리고 싶지 않아서 대학 졸업식에 엄마가 오는 것을 걱정하던 써니가 취

---

* 2010년대까지만 해도 이주배경청년이 받는 교육·취업 분야의 복지가 지나치다는 목소리가 적지 않았다. 2018년 8월에는 '다문화 가정에 대한 무분별한 혜택을 중단해주십시오'라는 제목의 국민청원이 올라와 논란이 일기도 했다. 청원에 동의한 이들은 "국제결혼 가정이라는 이유로 혜택을 준다는 것 자체가 차별적이다"라며 "국제결혼 가정도 한국 가정의 일부로 봐야 하며 이러한 각종 지원은 오히려 한국 가정에게 역차별적인 것"이라고 지적했다. 이 청원은 7만여 명의 동의를 얻었다(「다문화가정 다양한 복지 혜택, 한국 빈곤층에 대한 역차별?」, 『국민일보』, 2018년 8월 16일).

최근 들어 이주배경청년에 대한 역차별 논지는 다른 국면으로 접어들었다. "학교에 이주배경 학생 비율이 지나치게 높으면 이주·비이주배경 학생 모두 부정적인 영향을 받을 수 있다"는 것이다. "이주배경 학생에게 교육 지원이 집중되다 보면 비이주배경 학생이 역차별을 받을 가능성도 있다"고. 한 교사는 "비이주배경 학생을 두고 이주배경 학생들이 모국어로 이야기하거나 모둠 활동을 불참하는 등 역차별이 있었다"고 말했다(「다문화 학생이 97%인 학교 등장… 낙인·역차별 우려」, 『매일경제』, 2024년 8월 2일).

업 시장에서 사회적 '배려'로 받은 가점 탓에 단숨에 시기와 질투의 대상이 될 것을 걱정하는 것이 씁쓸하다. 차별은 어디서 날아들지 모르고, 그럼에도 시기와 질투를 받을 수도 있다고 생각하고, 배려는 최대한 숨어서 받아야 하고, 가족과 친척의 존재가 알려지는 것만으로도 수치와 불안을 느끼는 우리는 정말이지 불안하게 흔들리는 사회적 약자가 맞다.

기업이나 대학에서 사회적 배려 대상자 전형을 만들 때 국가유공자, 장애인, 기초생활수급자 및 차상위 계층, 다자녀 가구, 농어촌 특별 전형 등의 기회균등 선발은 자주 보았지만 다문화가정만 따로 선발하는 전형은 본 적이 많지 않다. 다문화가정 자녀임에도 나는 다자녀 가구 전형, 농촌 전형, 소득 분위 심사 위주로 대학 원서를 쓰거나 장학금을 받은 적이 더 많다.

그러한 경험들이 쌓여 처음 다문화가정 전형이 따로 있는 것을 보고 생소함을 느꼈다. 정말 다문화가정 자녀를 위한 사회적 배려 전형이 필요한가, 라는 의문이 들 때도 있었다. 돌이켜보면 안타까운 생각이다. 다문화가정 자녀가 다른 배려 전형에도 해당될 확률이 높은데도 말이다.

　다문화가정 자녀 전형은 다른 전형만큼 필요하지만, 나와 써니가 그랬던 것처럼 이 전형이 굳이 필요하지 않다고 생각하는 당사자들이 있다. 다문화가정 자녀의 사회적 약자성이 공공적으로 거론되지 않아서 당사자마서 자신을 약자라고 생각하지 않기 때문이다.

　다문화가정 자녀가 사회적 배려 대상자에 해당이 되는지 의문이 든다면 주변 사람들의 역차별을 논해보면 어떨까? 우리는 정당한 권리를 누리고도 수치심을 느껴야만 한다. 다문화가정 자녀가 사회적 배려 대상임을 인지하면서도 그 사실을 부끄러워하지 않는 사회가 되어야 한다. 언제까지나 조심하면서 살고 싶지 않다. 내가, 내 동생들이, 나의 친구들이 정당한 권리를 누리면서도 자신의 정체성을 특별히 여기고 아끼기를 바란다.

나와 닮은 아이

사회복지학과에 진학한 뒤 NGO 단체와 협약한 동아리에 가입했다. 동아리원들은 기획 팀, 활동 팀, 홍보 팀 중 한 곳에 소속되었다. 기획 팀이 동아리 활동의 주제를 정하면, 활동 팀이 패널을 직접 만들고 공원이나 역 등으로 가 시민과 아이들에게 NGO 활동과 여러 사회운동을 알렸다. 홍보 팀은 활동을 기록한 후 SNS에 업로드했다.

나는 활동 팀이었다. 아이들에게 직접 만든 패널을 보여주며 전기를 아껴야 하는 이유, NGO가 하는 일 등을 설명해주는 일을 했다. 나는 내가 사람들 앞에 나서서 말하고 발표하기를 꺼리는 줄 알았는데, 상황이 닥치니 어린이들에게 말하기 좋은 '솔 톤'이 절로 나오고 아이들을 북돋기 위한 칭찬의 말도 스스럼없이 나왔다. 여름방학에는 지역 아동 센터에서 동화책 만드는 활동을 했다. 아이들과 함께 이야기의 틀을 짜고 주요 장면을 도화지에 그려서 한 권의 책으로 엮었다. 그림 그리기, 글쓰기, 아이들 만나기. 내가 좋아하는 세 가지를 한 번에 다 할 수 있어서인지 활동 시간 내내 웃음이 끊이질 않았다. 아이들이 그린 그림을 칭찬하고, 도움을 주고, 쉬는 시간에 같이 노는 게 정말 행복했다.

전공 필수과목으로 다른 지역 아동 센터에 한 달간 실습을 나가기도 했다. 오전 9시부터 오후 6시까지 학습 지도, 급식 지도, 프로그램 지도 등의 일을 했기에 몸은 무겁고 잠이 쏟아졌지만 기분은 좋았다. 실습 일지를 쓰며 그날 있었던 일을 돌이켜봤다. 아이들과 공원에서 논 일, 만들기를 도와준 일, 같이 급식을 먹은 일을 떠올리면 마음이 충만해지는 기분이었다. 그렇다고 봉사 활동이 수월하고 재미있기만 한 것은 아니었다. 통제가 되지 않는 아이들도 있고, 나의 미숙함에 아이들이 불편을 겪기도 했다. 하지만 그럴 때 경력자의 조언과 도움, 동기와 선후배의 위로가 나를 달래주었다. 같이 일하고 비슷한 고민을 나누는 데에서 소속감과 기쁨을 느끼기도 했다. 그때까지는 그저 나한테 익숙한 흐름에 몸을 싣듯이 사회복지학과를 선택한 것은 아닐까 생각하면서 진로에 대한 확신이 없었는데, 학교 수업보다도 이렇게 직접 현장에 나와서 아이들을 만나면서 처음으로 내가 선택한 진로에 대해 진지하게 계획을 세우기 시작했다.

지역 아동 센터를 다니다 보니 이주배경아동들도 자주 접했다. 그 아이들을 보면 나의 어린 시절도 자연스레 생각났다. 나는 저 나이 때 어땠지?

예닐곱 명의 초등학생들과 그림을 그리고 가족에 대해 이야기하는 시간이었다. 한 아이가 누구도 물어보지 않았는데 자기 엄마는 베트남 사람이라고 먼저 말하는 것을 듣고 깜짝 놀랐다. 난 초등학생 때 처음 본 사람에게 우리 엄마가 외국인이라고 나서서 이야기한 적이 없었다. 다른 아이들의 눈치를 살피면서 걱정하는 나와 달리 아이는 아무렇지 않게 그림을 계속 그렸다.

나는 그 순간을 그냥 보낼 수 없었다. 그 아이에게

다가가 귓속말로 "우리 엄마는 필리핀 사람이야"라고 말해줬다. 가족 이야기를 당당하게 밝힌 아이에게 나의 이야기로 보답하고 싶었다. 그런데 그 옆에 있던 다른 아이가 갑자기 화난 말투로 따지듯이 물었다.

"선생님 걔한테 지금 뭐라고 했어요?"

짙은 쌍꺼풀과 긴 속눈썹, 큰 눈에 어두운 피부. 나와 많이 닮은 아이였다. 센터에 처음 왔을 때부터 나는 그 애가 나랑 같은 배경을 가지고 있다고 짐작했다. 내가 옆 아이에게 하는 말 속에서 '필리핀'과 '엄마'라는 단어를 듣고 자기에 대해 귓속말을 했다고 오해한 것이다. 나도 비슷한 감정을 평생 느껴왔다. 누군가 나를 쳐다보는 눈길에, 나를 향해 수군거리는 말에 언제나 예민하게 반응했다.

나는 반성했다. 그런 이야기는 귓속말로 하면 안 됐다. 그 아이에게 당당하게 알려줬다.

"우리 엄마가 필리핀 사람이라고 말했어."

아이는 놀랐는지 진짜냐고 한 번 더 물었다. 나는 힘차게 고개를 끄덕였다. 그 아이 덕분에 그날 나는 처음으로 공개적인 장소에서 동아리 사람들에게 내가 이주배경청년임을 스스로 밝히게 되었다. 어딘가 후련

한 기분이었다.

　사회복지학과를 선택하기를 잘했다는 생각이 선명하게 들었다. 롤 모델까지는 거창하고, 그날 만난 아이들이 나를 보면서 롤 모델까지는 아니어도 자신과 비슷한 사람들이 여기저기에 생각보다 많이 있고 훌륭하게 살아가고 있다는 사실을 알았으면 좋겠다. 그 아이들이 엄마와 아빠의 고향을 말하는 것이 전혀 부끄럽지 않은 어른이 되었으면 싶다. 누구든, 이주배경을 가졌어도, 다른 사람의 도움을 받을 수도 있고 거꾸로 다른 사람에게 도움을 줄 수 있다는 것을 자연스럽게 배웠으면 좋겠다.

신고 전화

그 일은 2020년 겨울에 일어났다. 아빠가 엄마에게 머그 컵을 던졌다. 아빠는 원래도 분을 참지 못하면 소리를 지르거나 물건을 던지곤 했지만 그전까지 직접적인 위해를 가한 적은 없었다. 그날 저녁부터 아빠는 화가 나 있었다. 엄마가 할머니의 보약을 냉장고에 정리하면서 툴툴댔기 때문이다. 우리가 보기에는 별거 아닌 일인데도 아빠는 할머니를 향한 엄마의 태도가 조금만 마음에 안 들면 크게 화를 냈다.

밤이 되어 각자 방에 들어가 잠을 자려는데 엄마 아빠가 지내는 거실에서 다시 큰소리가 났다. 우리가 놀라서 방문을 여는 순간 아빠가 엄마에게 컵을 던졌다. 컵은 엄마의 머리를 맞히고 뒤에 있던 텔레비전에 부딪혀 깨졌다. 엄마 머리에서 피가 흘렀고 텔레비전 화면은 깨져서 먹통이 되었다. 둘째가 소리를 지르며 엄마의 머리를 지혈할 수건을 가지러 달려갔고 막내는 놀라서 그 자리에 그대로 굳어버렸다. 나는 아빠에게 "지금 뭐 하는 거예요!" 하고 소리치고는 동생들을 진정시킨 후 서둘러 119에 신고 전화를 했다.

며칠 후, 우리 식구들은 다 같이 전날의 일을 진술하기 위해 같은 차를 타고 경찰서에 갔다. 차 안은 조용했다. 경찰서 사람들과 안면이 있는 아빠는 머쓱한 듯 웃었지만 전반적으로 평소와 같아 보였다. 엄마는 피해자치고 침착했다. 동생들은 나에 비해서 차분해 보였다. 나 혼자시민 힘들이하고, 그걸 밖으로 티 내는 것 같았다.

아빠의 진술이 끝난 후 나는 엄마와 함께 진술실에 들어갔다. 우리를 담당한 경찰은 중년 남성이었고 아빠와 아는 사이였다. 그 사실이 우리에게 도움이 되진 않았다. 말을 하다 우는 나를 안쓰럽게 바라보면서 위로도 건네셨지만 "원래 너희 아빠가 이런 사람이 아닌데 가끔 욱할 때가 있어서…" 등의 말은 날 위한 말인지 아빠를 위한 말인지 가늠이 되지 않았다.

진술을 마치고 가족들은 차를 타고 그대로 집에 갔지만 나는 혼자 읍내에서 내렸다. 길을 걷다가 어느 카페 유리창 너머로 친구 민도가 앉아 있는 걸 발견하고 카페로 들어갔다.

처음에는 아무렇지 않은 척 근황을 이야기하다가 결국 경찰서에 다녀오는 길이라고 털어놨다. 주체할 수 없이 울음이 나왔다. 사건이 일어나자마자 침착하게 동생들을 챙기면서 신고도 했고, 경찰서에 가서도 빠짐없이 진술을 했으니 잘 해결되었다고 생각했는데 친구에게 털어놓고 보니 온갖 감정이 물밀 듯이 밀려왔다. 민도는 내 이야기를 차분히 들어주고 위로해줬다.

우리 집에서는 그 일을 모두가 쉬쉬했다. 그날 이후, 아무도 그 일을 다시 꺼내지 않았고 아무 일도 없었다는 듯 지냈다. 화가 난 아빠가 언성을 높이곤 했지만 물건을 던지는 일은 줄었다. 그런데 얼마 후 뜻밖에도 우리 가족도, 경찰도 아닌 민도가 그 사건을 다시 꺼냈다. 여성주의 저널 『일다』에서 '싸우는 여자들'을 주제로 인터뷰 연재를 기획하는데, 민도가 거기 참여하게 됐고, 나를 인터뷰해서 기사를 쓰고 싶다고 했다.

나는 민도와 1년 가까운 시간 동안 틈틈이 만나며 인터뷰를 진행했다. 그렇게 시작된 이야기는 엄마, 아빠, 가족, 정체성 등의 이야기로 확장되었다. 민도와는 오랜 친구 사이였지만 그렇게 많은 이야기를 나눠본 적은 없었다. 그때만큼 나에 대해 많이 돌아보고 깊은 이야기를 털어놓은 적은 없었다. 민도와의 인터뷰는 일종의 상담이었다. 민도의 질문에 답하면서 나도 몰랐던 내 속마음을 많이 알게 되었다.

나와 민도가 나눈 이야기는 2021년 말 『일다』에 공개되었다. 그리고 나는 민도와의 인터뷰를 계기로 나와 엄마와 우리 가족에 대해 이야기할 필요성을 느끼고 글을 쓸 용기를 낼 수 있었다. 이 책의 출발점이기도 한 민도와의 인터뷰 기사* 일부를 여기에 옮겨본다.

* 「이주여성 엄마를 때린 아빠, 딸은 경찰서에 갔다」, 『일다』, 2021년 12월 17일.

이 글은 1년간의 대화를 정리한 글이다. 대화가 시작된 것은 본가에 잠시 머물던 올해 초였다. 전라도 남쪽 끝자락의 학생들은 고등학교를 졸업하고 나면 대부분이 지역을 떠난다. 예나와 나도 그랬다. 이제는 아는 얼굴이 별로 남지 않은 고장에서 우리는 자주 만났다. 그날은 읍내의 한 카페에서 우연히 마주친 걸로 기억한다. 예나는 전날 일어난 가정 폭력을 경찰서에서 진술하고 돌아오는 길이었다.

우리는 긴 주기를 두고 만나며 그날의 사건에 대해, 그보다 더 오래된 폭력의 맥락에 대해, 그리고 가해자를 지목할 수 없어 폭력으로 명명하기 어려운 기억에 대해 이야기를 나눴다. 예나는 그런 경험을 다른 사람에게 말하는 것이 처음이라고 했다. 나 역시 다른 이의 깊은 곳에 있는 이야기를 듣는 경험이 처음이었다.

그러나 단순히 듣기만 했던 것은 아니다. 우리는 공동 작업자였다. 예나가 기억을 꺼내놓으면 우리는 함께 그것을 서사화하고 정치의 언어에 가닿고자 했다. 그것은 우리가 기억을 다루기 위해 선택한 방법이었다. 그건 결국 계속해서 살아가는 방법에 대한 고민이기도 했다.

민도

이야기를 처음 시작한 게 올해 초였잖아. 그리고 드문드문 만나면서 계속 이야기를 해왔고. 시간이 지나면서 사건에 대한 너의 감정이 어떻게 달라졌는지 궁금해.

예나

그러게. 이 일도 벌써 1년이 되어가네. 초반에는 슬픔과 분노와 우울이 뒤섞여서 불쑥불쑥 폭발할 때가 많았어. 너랑 이야기를 하면서 점점 정리가 된 것 같아. 감정이 사그라든 후에 사실만 남은 느낌이야. 그냥 나한테 있는 히니의 경험으로 자리를 잡은 것 같아. 이 인터뷰 덕분이라고 생각해. 그 일을 생각하고 직면하고, 나의 말로 설명하고 이해했던 모든 과정 덕분이야.

민도

나는 '싸우는 여자들'이라는 기획이 처음 만들어지던 회의에서 네 생각이 났어. 세상이 싸움이라고 부르지 않는 싸움을 조명하자는 이야기를 나눴거든. 너는 스스로를 싸우는 사람이라고 생각해본 적 있어? 네가 하고 있는 싸움을 사람들한테 소개한다면 어떻게 이야기할 것 같아?

예나

일단 이 인터뷰가 시작되게 한 사건은 올해 초에 아빠가 엄마에게 폭력을 가한 일이었지. 사실 언젠가는 일어날 거라고 예상했어. 아빠의 폭력성을 느낀 건 아주 어릴 때부터였으니까. 왜 이 일이 일어나지 않도록 미리 손을 쓰지 못했을까 하는 생각이 들기도 했지만 누구에게도 쉽지 않은 일이라고 생각해. 가부장적이고 수직적인 분위기가 특히 강한 집안이어서 아빠를 통제할 사람이 없었어.

내가 싸우고 있다면 그건 내 안의 이상과 실제로 처한 상황과의 괴리에서 온 싸움일 거야. 모순을 견디고 내가 생각하는 이상에 조금이라도 더 가까워지려고 노력하는 거, 그게 내 싸움인 것 같아. 현실에 안주하고 생각을 멈춘다면 아무것도 못 하는 인형이 되는 거라 생각해. 여기서 현실이란 아빠의 폭력이기도 하고 이 폭력을 큰일로 생각하지 않았던 친가 친척들과

123

마을 사람들이기도 해. 무엇보다 아빠의 폭력을 당연하게 생각하는 집안 분위기인 것 같아.

민도

사람들은 가정 폭력을 신체적인 폭력 위주로 생각하잖아. 경찰이 개입할 때도 그런 극단적인 폭력이 일어날 때고. 네가 느끼는 건 좀 다를 것 같아.

예나

폭력에 대한 훨씬 오랜 맥락이 있지. 아빠는 나랑 동생들이 어릴 때부터 수틀리면 폭력을 사용했는데 화를 내는 이유를 알 수가 없었어. 같은 공간에 있으면 내 주의가 아빠를 향하게 돼. 집에서 큰소리가 나면 무섭고. 아빠가 누구를 부를 때 큰 목소리를 내거나 행동이 난폭해지면 엄청 긴장하게 되고. 아빠가 그럴 때 우리는 아무것도 못하고 그냥 가만히 있었어. 아빠가 아니어도 눈앞에서 누가 감정적으로 폭발하는 걸 보면 그게 나한테 향하지 않더라도 본능적으로 두려움과 무력감을 느껴. 특히 남자가 그럴 때. 저 행위를 중재할 수 없다는 거, 위협을 느끼면서도 저 꼴을 봐야 한

다는 거, 무서우면서도 짜증 나는 그런 익숙한 느낌이
있어.

민도

그런 상황 속에서 너 자신을 지키기 위해 했던 행동들
이 있을 것 같아. 너를 버티게 했던 건 뭐였어? 다른 말
로 한다면 너만의 투쟁 전략을 소개한다면 뭔 것 같아?

예나

아빠가 그럴 때 다른 가족들은 각자의 방법으로 어떻
게 버티고 있는지 생각해봤어. 내가 처한 상황을 이해
할 수 있는 방법이었으니까. 그 당시에는 나와 의견이
다른 가족을 이해할 수 없었는데 지금 생각하니 각자
의 방식으로 버티고 있었던 것 같아.

　그리고 나와 같은 의견인 사람들의 이야기를 듣는
것이 힘이 됐지. 내가 처한 상황이 잘못되었고 내 잘못
은 없다는 걸 계속 생각했어. 나는 그때 내 위치에서
내가 할 수 있는 최선의 행동을 했어. 사건 직후에 신
고를 했는데, 폭력을 적극적으로 문제 삼지 않던 다른
가족들이라면 하지 않았을 거야. 이후에 아빠, 엄마,

나, 동생들이 다 같이 이야기하도록 주도하기도 했어.

이제는 집에서 떨어진 기숙사에 살고 있는데 이것도 도움이 됐어. 거리가 멀어지니까 심리적 부담이 적어져. 집에 가족들이 있지만, 일단은 나를 우선으로 생각하는 게 맞다고 봐. 조금은 이기적이어도 된다고 생각했어. 집에 있으면 항상 날이 서 있을 수밖에 없지. 언제일어날지 모르는 폭력 때문에 긴장하고 있어야 하니까. 내가 다른 가족들에 비해 더 예민한 편이기도 하고. 집에서 긍정적인 감정을 느끼기가 어려운 것 같아.

중고등학생 때는 인터넷에 빠져서 회피했다면 대학생이 돼서는 내 손으로 직접 할 수 있는 손뜨개나, 그림을 그리면서 성취감을 느꼈어. 스스로 무언가를 완성할 때, 남들이 결과물이 좋다고 칭찬할 때, 그런 때의 감정을 조각조각 모으면서 버텨온 것 같아.

민도

엄마에 대한 생각이 궁금해. 난 너한테 처음으로 이런 얘기를 듣던 날 여성 단체에서 하는 '가정 폭력 상담원 교육'을 신청한 참이었어. 얘기를 듣자마자 제일 먼저 떠오른 생각도 '아, 교육을 더 빨리 들었으면 예나에게 좀 더 적절한 이야기를 할 수 있었을 것 같은데'였어. 친구로서 너에게 어떤 도움을 줄 수 있는지 너무 어려웠거든.

근데 그 후로 교육을 듣는데 피해 여성을 어떻게 가해자로부터 분리할 것인지, 자립은 어떻게 할 것인지로 자연스럽게 이어지는 흐름이 있더라고. 이주여성의 가정 폭력이 진짜 어려운 문제라는 생각이 들었어. 전에 너희 엄마가 막내 동생이 성인이 되면 필리핀으로 갈 거라고 하셨다가, 한국에서 계속 살 거라고 말했다고 한 것 같은데?

예나

응. 사실 그런 판단에는 이 지역에서 일하는 걸로는 충분한 돈을 모으기 어렵기 때문에 이후에 할 수 있는 선택의 폭이 좁아진다는 맥락도 있는 것 같아. 이런 생각을 많이 했던 게, 내가 빨래 공장에서 2주 동안 알바를 한 적이 있어. 집에 오면 어깨랑 허리가 발바닥이랑 너무 아파서 진짜 죽을 것 같은 거야. 왜냐하면 서 있기만 하거든. 서서 빨래만 죽어라 개. 그렇게 공장 소음 속에 있는 사람들의 모습이랑 내가 하고 있는 일을 보고 있으면 낙관적인 생각을 할 수가 없는 거야.

그 공장에서 일하는 사람들은 대부분 이주여성들 아니면 중년 여성들이야. 이 사람들은 생계를 위해서 정말 몇십 년을 앞으로 계속 일할 텐데, 혹시나 몸이라도 아프면 이 고강도 노동을 어떻게 견뎌야 하는 거지? 이런 생각이 드는 거야. 그러다가 허리나 팔을 다쳐도 안타까울 뿐, 몸이 다칠 정도로 힘든 노동을 하는 것에 대해서는 아무도 이상하다고 생각하지 않아.

우리 엄마는 농사를 전업으로 하시는데 이 일도 별반 다를 게 없어. 하루 종일 논밭에서 허리 펼 시간도 없이 일을 하셔. 그런데 수입은 일정하지도 않고 고된 노동에 비해 넉넉한 편도 아니야. 아빠도 농사를 하지만 노동의 강도가 다르다고 생각하거든. 아빠는 주로 큰 농기계를 운전하고, 쉬는 시간도 많아. 큰일이 아닌 이상 밭에 안 갈 때도 많고.

민도

그런 한편으로 이런 열악함이 있지만 이주여성들이 한국을 떠나고 싶어 한다고 함부로 단정할 수 없다는 생각도 들어.

맞아. 분명히 이미 지역과 가족의 중요한 구성원이고, 뿌리내리려고 애쓴 시간들이 있잖아. 우리 엄마도 그렇고 다른 이주여성 이모들도 여기서 얼마나 열심히 살아가고 있는데. 학교와 센터에서 학생들에게 영어를 가르치고, 네일숍이나 가게를 차리고, 무능한 남편과 이혼하고, 돈을 벌어서 집안의 생계를 이어나가고, 자식의 대학 등록금을 마련하고, 더 나은 집으로 이사를 가고. 다 나열할 수 없을 정도로 많은 이주여성들이 최선을 다해 살아가고 있어.

같은 처지에 있는 사람들이니까 서로에 대한 유대감도 크지. 이모들끼리 자주 모여서 음식도 만들어 먹고 서로 이야기를 하면서 스트레스를 풀어. 그 공간에서 느껴지는 유쾌하고 정겨운 분위기가 있어. 우리 지역을 조금만 돌아다녀도 심심찮게 이주여성을 만날 수 있잖아. 이 사람들은 이제 온전히 여기 일원이지. 이주배경청소년들보다도 오래 사신 거잖아.

이주여성을 마냥 불쌍하게 보라는 게 아니라, 이들의 노동에 대한 정당한 대가를 주고 권리를 인정하는 게 옳다고 생각해. 누구보다도 이 자리에서 열심히 살아가는 사람을 어떻게 배척할 수 있겠어.

민도

고등학생 때가 생각나. 사실 그때 누구나 이 지역을 탈출하고 싶어 했잖아. 그리고 우린 결국 성공해서 지금은 다른 지역에서 대학을 다니고 있고. 근데 탈출에 성공했다는 게 온전한 단절을 의미하지는 않는 것 같아. 난 요즘 이곳에서 봤던 장면들이 나한테 크게 영향을 미쳤고 앞으로의 삶에도 그럴 거라는 생각을 많이 해. 너는 어떤 것 같아?

예나

내가 이곳에서 이런 경험들을 했잖아. 가정 폭력을 신고하고 문제가 수면에 올라왔을 때 나에게 대화를 걸어 온 사람들이 있었어. 경찰에게 진술을 했고, 다문화 가족 지원센터에서도 왔었고. 그런데 그 사람들은 나를 배려하지 않았고 내 이야기를 오래 듣거나 깊이 이해하려 하지 않았어. 그래서 나도 빨리빨리 대답이나 해버렸단 말이지. 낯선 사람에게 마음속 가장 깊은 곳에 있는 이야기를 어떻게 꺼내겠어.

그때 그러고 나니까 나 같은 경험을 한 사람이 더 많을 텐데, 그런 사람들의 경험에 공감하고 문제를 해결해주는 사람이 되고 싶다는 생각이 들었어. 나는 사회복지학과에 다니잖아. 우리 과에서는 '사례 관리'라고 하는 걸 배워. 예를 들어 가정 내에서 갈등이 매일 있을 때 그걸 관리하고 최종 해결까지 하는 과정을 배우는 거야. 사회복지사가 되면 그런 일을 할 때 더 신경을 써야겠다는 생각이 들어.

그리고 내가 이런 경험을 얘기했을 때 듣는 사람들이 다 남자였어. 경찰도 센터 사람도 남자였단 말이야. 그래서 내 말이 가닿지 않을 것만 같다고 느껴졌어. 물론 나와 같은 피해자들을 여러 명 상대하고 문제를 해결해왔겠지만, 당사자인 나만큼 이 일을 공포스럽게 받아들이지 않을 것 같았어. 여자라고 성별 위계에서 오는 공포를 모두 아는 건 아니지만 말이야, 나는 이런 경험을 했고 여성이니까 그래도 나를 조금 더 편하게 느끼지 않을까. 그게 나의 강점이 되지 않을까 하는 생각도 들고 그랬어.

민도

인터뷰 기사가 나가면 너와 비슷한 경험을 가진 사람들도 이 글을 읽을 수도 있잖아. 혹시 전하고 싶은 말이 있어?

예나

얼마 전에 트위터에서 여성으로 살면서 당한 폭력에 대한 얘기들이 올라온 적이 있어. 그때 내가 쓴 얘기에 대한 사람들의 반응이 다양했는데, 그런 일을 겪고도 견딘 게 정말 대단하고 고맙다는 얘기를 들었거든. 지나고 생각해보니까 그 말이 참 좋았던 것 같아. 그래서 이 글을 읽을 사람들에게도 그 말을 해주고 싶어. 무엇보다도 그 당시 나는 할 수 있었던 만큼 했을 거란 거.

나의 최선

아주 어릴 때를 빼고는 아빠가 편한 적이 없다. 언제 터질지 모르는 아빠의 분노에 항상 신경이 곤두선 채로 살았다.

아빠에게 손이나 주먹으로 직접 맞은 적은 없지만, 초등학생 때 허락 없이 옆집 친구네에 놀러 갔다고 엎드려뻗쳐 자세로 벌을 받은 기억이 있다. 우리가 시끄럽게 떠들거나 심부름을 제대로 하지 않거나 우리가 반찬 투정을 하면 갑자기 화를 내면서 옆에 있는 물건을 집어 던지곤 했다. 화를 내는 기준을 예상하기는 어려웠다. 우리가 보기에는 오로지 당신 기분에 따라 화를 냈기 때문에 온 식구의 신경이 곤두설 수밖에 없었다. 나는 어릴 때부터 '어떤 행동을 하면 안 된다'

가 아니라 '지금 아빠의 기분이 안 좋으니 가만히 있어야 한다'를 기준으로 훈육되었다.

아빠 탓에 나는 갈등을 직면하지 못하고 바로 회피하는 아이가 된 것 같다. 남성 어른이 화를 내거나 소리를 치면 나와 상관없는 상황에서도 두려움과 분노가 동시에 치민다. 소리에도 훨씬 예민해졌다.

아빠가 엄마에게 컵을 던진 날 신고를 받고 출동한 경찰에게 "집안일인데 괜히 오시게 했다"며 사과했던 할머니는 그 일에서 어떤 문제점도 느끼지 못했다. 며느리는 머리에서 피가 나고 어린 손녀 셋은 그 옆에서 엄마의 상처와 깨진 컵 파편을 수습하면서 울고 있었는데도 말이다. 할머니와 나 사이에는 70년이라는 세월이 가로놓여 있고, 그 사이를 이어주는 다리가 우리 집에는 없다. 한 번도 고향 마을을 떠나 살아본 적 없는 아빠와 할머니는 여전히 남자가 가사 노동을 분담할 이유가 없고, 가족의 감정을 살피거나 돌보는 감정 노동을 할 필요도 없다고 생각한다. 마음대로 화를 내고 밥상을 엎고 식구들에게 물건을 집어던져도 괜찮은 옛날, 1960~1970년대에 머물러 있다.

아빠가 속한 시대, 아빠가 처한 환경을 생각하면서 아빠를 그렇게 만든 맥락을 알아가려 할수록 폭력을 정당화할 것만 같은 두려움이 생긴다. 온전히 미워해도 되는데, 사실은 그러고 싶은데 내 뇌는 자동으로 아빠가 그렇게 된 원인을 이해하고 해석하려 든다. 아빠가 제멋대로 행동할 때도 있지만 안 그럴 때도 많지 않냐며 아빠를 변호하려 든다.

아예 남남이면 그냥 욕하고 미워하면 그만인데. 보수적인 아빠와 외국에서 온 엄마, 그리고 가정 폭력. 제삼자라면 다문화가정과 자동으로 연상되는 너무나도 뻔한 이 구도 안에서 우리 가족을 들여다보고 우리를 그저 동정하거나 아빠를 쉽게 손가락질할 수 있을 것이다. 나도 그러고 싶다. 하지만 나는 망할 가족이라는 끈, 평생을 같이 살며 생긴 유대감에 묶여 있다. 아빠에게는 더 이상 변화할 의지도 희망도 없어 보인다고 포기하면서도, 이웃이나 친척 아기에게 더없이 다정한 아빠를 보면 '우리에게는 왜 저런 모습을 안 보여주었을까?'라는 서운한 마음이 먼저 든다. 엄마가 어쩌다가 해주는 우리 자매들의 어릴 적 이야기 속에서 한때 다정했던 아빠의 모습을 발견할 때마다 이상하게 북받치는 마음은 어쩔 수가 없다. 아빠가 외갓집 식구들에게 용돈을 보내고 외갓집 수리에 적극적인 도움을 주는 것, 타갈로그어를 공부해 외가 친척들과 소통하는 걸 보면 더 혼란스러워진다.

아빠의 머그 컵 사건 이후 나는 친구 민도 덕분에 어지럽게 밀려드는 여러 감정을 정리할 수 있었다. 민도에게 속마음을 털어놓았고 내가 겪은 일을 객관적으로 바라볼 수 있었다. 그런데 정작 가장 큰 상처를 입은 엄마는 누구와 이야기를 나눌 수 있지?

평소에도 엄마에게는 속마음을 털어놓을 상대가 없다. 엄마의 마음속 응어리는 한탄이 되어 가끔 툭툭 튀어나올 뿐이다. 엄마의 한탄은 주로 고된 일과에서 비롯된다. 엄마는 베트남에서 온 옆집 이모가 탄식할 정도로 엄청난 양의 노동을 한다. 사계절 내내 농사일을 하고 중간중간에 아빠와 할머니의 끼니를 챙기고 끼니 사이에는 커피까지 타줘야 한다. 수시로 드나드는 아빠와 할머니의 손님들도 대접해야 한다. 거기에 할머니 연세가 많아지면서 약이든 보약이든 병원이든 수시로 챙겨야 할 일이 많아졌다. 다 엄마 몫이다.

엄마에게 가까운 이웃이나 친구가 아예 없는 것

은 아니다. 하지만 외국에서 온 이모들은 엄마처럼 다들 너무 바빠서 자주 만나기 어렵다. 동네 아주머니나 할머니들에게도 속마음을 털어놓기는 어렵다. 엄마와 아무리 가깝게 지내도 그분들은 우리 할머니의 친구거나 아빠 친구의 아내이거나 아빠의 친척이거나 아빠의 오랜 이웃이다. 그런 사람들에게 남편과 시어머니에게 쌓인 감정을 털어놓다니, 사람들의 관계가 견고하게 얽혀 있는 작은 시골 마을에서 그런 행동은 손해면 손해지 절대 이득이 아니라는 걸 엄마도 잘 알고 있다. 게다가 언어 문제까지. 마음을 터놓고 지내는 관계란 엄마에게 거의 불가능에 가깝다.

우리 들으라고 한 건 아니지만 엄마가 꾸준히 해온 말들이 있다. "할머니는 자기가 음료 마신 컵을 싱크대에 두면 되지 왜 테이블에 둬?", "자기 손님 커피를 왜 맨날 나한테 시켜?", "왜 나한테 말도 안 하고 이렇게 큰 고기를 사 와? 이미 저녁 준비 다했는데?", "할머니는 왜 또 동네 사람들한테 밥도 못 먹고 산다고 말하고 다녀?" 등등. 엄마가 아무리 힘들다고 해도 아빠와 할머니는 20년이 넘도록 끈질기게 바뀌지 않았고, 엄마는 항상 같은 이유로 끙끙 앓는다.

엄마의 한탄은 우리 자매들에게 단단히 박혔다. 자연스럽게 '아빠와 할머니는 도대체 왜 그럴까? 엄마만 고생시키고 스스로 하는 일은 하나도 없어. 차라리 없는 게 나을 것 같아' 같은 생각을 하면서 자랐다. 엄마가 가사 노동을 도맡아 하는데 아빠와 할머니는 일을 나누기는커녕 고마워하는 마음조차 없었다. 엄마가 힘든 게 너무 싫었다.

엄마의 한숨을 듣는 데 지쳐서 화살을 엄마에게 돌릴 때도 있었다. 결혼할 때 엄마가 와서 살 한국에 대해 더 찾아봤어야지. 아빠가 어떤 사람인지 잘 알아보고 결정했어야지. 엄마가 한 결혼이니까 엄마가 감당해야지. 힘든 얘기를 아빠한테 직접 하지 왜 나한테 해? 이런 말이 목구멍까지 올라오는 것을 삼킬 때마다 갑갑함과 죄책감이 동시에 든다.

그날의 일로 엄마의 정수리에는 흉터가 생겼다. 하지만 그 일에 대해 엄마가 이야기하는 것을 들은 적은 없다. 응어리가 너무 커서 뱉을 수조차 없는 걸까. 나도 감당할 자신이 없어서 엄마가 그 일을 굳이 꺼내지 않는 것이 한편으로는 다행이지만, 마음속 응어리가 커져서 엄마를 너무 많이 짓누를까 봐 겁이 나기도 한다. 엄마와 나는 언제까지 서로에 대한 걱정과 원망과 죄책감에서 벗어날 수 없는 것일까.

엄마와 타갈로그어로 대화하는 상상을 하곤 한다. 내가 타갈로그어에 유창해지거나 아니면 전문 번역가의 도움을 받아 한국어로는 설명할 수 없는 엄마의 속 깊은 이야기를 들어보고 싶다. 아직은 이룰 수 없으니 지금은 할 수 있는 최대한으로 노력한다. 엄마에게 먼저 질문하고, 영어를 쓰거나 엄마에게 한국 단어를 알려주기도 하면서 대화를 이어나간다. 중요한 건 대화 그 자체다. 엄마와 내가 소통하고 있다는 사실에 집중한다. 그게 지금 내가 할 수 있는 최선이다.

시작과 끝

오늘도 옛날 집이 나오는 꿈을 꿨다. 여기저기 금이 간 화장실, 으스러질 것 같은 벽을 얇은 벽지가 간신히 붙들고 있는 방. 거기 있는 나도 지금의 내가 아니라 어린 나다. 짧은 머리로 살아온 지 6년이 넘었지만 꿈에서는 언제나 긴 머리다.

옛날 집은 꿈에서만 찾아갈 수 있지만 고향 마을은 현실에 있다. 내가 어릴 때랑 비교해도 큰 변화 없이 한결같다. 산속 깊은 시골 마을, 모두가 서로 아는 사람이고 모두가 같은 일을 하는 곳. 할머니들의 수다, 논과 밭 사이로 지나가는 농기계 소리, 저녁에 더 진하게 퍼지는 비료 냄새, 같은 자리에서 자라고 시들기를 반복하는 풀, 마을 뒤에 우뚝 서 있는 산. 변함없는 공간이 주는 평온함.

하지만 다르게 말하자면 자극이 너무 없다. 길도 가로등도 가게도 버스도 적고 공부하는 사람도 책 읽는 사람도 없다. 너도 나도 같은 자리에 머물러 있다. 아무것도 하지 않아도 아무도 뭐라고 하지 않는다. 초경쟁사회라는 대한민국이 맞나 싶을 정도의 잔잔함.

대학에 들어가면서 난생처음 도시에서 살게 되었다. 읍·면·리 단위에 살던 나에게 ○○시 ○○동이라 이름 붙은 행정구역명부터 낯설었다. 어디든 가로등이 있어서 저녁에도 어둡지 않고, 도로는 밤이 되면 오토바이 소리로 더 시끄러워진다. 학생들이 학교 앞 술집에, 운동장 의자에 옹기종기 모여 앉아 떠든다. 내가 경험한 시골살이와는 차원이 다른 삶에 이게 말로만 듣던 대한민국인가 싶었다. 거기서 다양한 사람들을 만났다. 누구는 새로운 친구를 사귀고 누구는 맛집을 탐방하고 누구는 새벽까지 술을 마셨다. 누구는 아르바이트를 하고 누구는 여행을 가고 누구는 연애를 했다. 누구는 공모전과 자격증을 준비하고, 누구는 국가고시 공부를 하고, 누구는 책을 읽고 글을 썼다.

모두가 현실을 살면서 미래를 기대했다. 모두가 익숙하다는 듯 이런 삶을 살았다. 이 도시에서는 젊은이들이 이렇게 즐기고 이렇게 고생하는구나. 대학생이 되고 처음으로 선진국의 반열에 오른, 초경쟁사회 한국을 직접 느껴봤다.

만나는 사람이 다양해지면서 관심사도 넓어졌다. 퀴어 모임 멤버들, 같은 수업을 들으면서 알게 된 만학도분들, 장애인 학우들, 외국인 유학생, 그리고 나와 같은 이주배경청년인 동기까지, 다른 삶을 사는 사람들을 만났다. 좋든 싫든 많은 자극을 받았다. 하루하루가 빠르게 흘러가고 돈도 빠르게 떨어졌다.

졸업까지 한 학기만을 남기고 휴학을 했다. 한번쯤 해보고 싶기도 했고, 졸업을 미루고 싶기도 했다. 고향 마을은 똑같았다. 엄마와 아빠가 논에 난 피를 뽑고 밭을 돌보러 나간 동안 나는 느지막이 일어나 내 작은방에 누워 SNS를 했다. 바로 전날까지 아침 일찍 일어나 단정하게 준비하고 교내 근로를 했는데 말이다.

대학에 가기 전으로 리셋된 기분이었다. 왠지 집에

오면 졸업이나 취업 같은 미래에 대한 기대나 압박이 부스스 무너져버렸다. 그건 아마 내 고향이 계절을 지내고 농사를 마치는 것 외에 무언가의 시작과 끝을 보여주지 않기 때문일 것이다.

핼러윈, 크리스마스, 새해까지 이곳에서 보냈다. 엄마가 준비한 작은 크리스마스트리마저 없었다면 한 해가 끝나는 것을 실감하지 못하고 무덤덤하게 보냈을 것이다. 시골 사람들이 죽었다 깨도 챙기는 설날이 돼서야 마을이 사람들로 복작복작해졌다. 도시로 나가지 못한 쓸쓸한 중년들과 하루하루 늙어가는 할머니와 할아버지들이 오랜만에 고향을 찾은 아들, 며느리와 손주들 숫자로 체면을 차린다. 도시에서 살다 명절에 잠깐 들른 젊은이들이 평생을 이 시골에서 자란 나를 보면 어떤 생각을 할까?

이전에 아빠의 일로 인터뷰를 할 때 민도가 이런 말을 했다.

"우리 고등학생 때가 생각나. 사실 그때 누구나 이 지역을 탈출하고 싶어 했잖아. 그리고 우린 결국 성공해서 지금은 다른 지역에서 대학을 다니고 있고. 근데 탈출에 성공했다는 게 온전한 단절을 의미하지는 않는 것 같아. 난 요즘 이곳에서 봤던 장면들이 나한테 크게 영향을 미쳤고 앞으로의 삶에도 그럴 거라는 생각을 많이 해. 너는 어떤 것 같아?"

눈앞에 닥친 졸업을 미루고 집으로 돌아와 지내면서 나는 민도의 말을 자주 생각했다. 그리고 이곳에서 본 장면들을 구체적으로 기억하려고 했다. 그래야 앞으로의 삶을 그릴 수 있을 것 같았다.

2024년, 나는 스물네 살이 되었고 복학을 했다. 지금은 대학교 졸업과 사회복지사 1급 국가시험을 준비하고 있다. 내 나이를 생각하면 친척 집을 전전하면서 집안일을 하고 남의 아이를 돌보고 물건을 팔면서 점심을 대충 때우고 월급도 제대로 받지 못했다던 젊은 시절의 엄마가 떠오른다. 그렇다고 엄마가 못 이룬 학업과 꿈과 삶을 대신 이룰 마음은 없다. 다만 엄마에게 들은 이야기, 엄마에게 배운 것, 엄마와 함께한 일들이 나에게 미친 영향을 기꺼이 받아들이면서 내가 하고 싶은 것들을 시도해볼 생각이다.

어떤 책임

나에 대한 글을 쓰고 싶다고 생각해본 적은 없었다. 시골에 동남아 음식점이 늘어나고 있고 시골 면사무소에 비치된 안내문의 언어가 다양해지고 있고, 외국인 여성들이 밭에서 깻잎을 따고 학교에 반마다 이주배경청소년이 한 명씩은 있고, 길에서 외국인노동자를 만나는 일이 흔해졌다는 뉴스가 나와도 그냥 지나쳤다. 익숙한 풍경을 새삼스럽게 언급하는 사람들이 더 신기했다. 뉴스가 전하는 새로워진 한국의 모습에 나도 포함돼 있다고 생각하지 못했다. 나이를 먹어가면서 남들에 비해 좀 튀는 외모와 외국인 엄마가 신경이 쓰이는 정도였다.

친구 민도와 인터뷰를 한 것이 내게는 점등과도 같
은 일이었다. 처음에는 가정 폭력에 대한 인터뷰를 하
기로 했는데, 이야기가 진행될수록 이런 폭력을 만든
배경에 이주배경가정이 가진 특수성이 있다는 것을 깨
달았다. 그때까지 따로따로 놓고 보던 것을 하나의 사
건을 계기로 퍼즐처럼 맞추면서 처음으로 이주배경청
년으로서의 내 상황에 눈을 뜨고 그것을 언어화했다.

민도와의 인터뷰가 게재된 후 『일다』에서 나에게
기사 쓰기를 제안했다. 농촌에서 이주여성이 하는 일
에 대해 이주배경청년 당사자의 목소리로 이야기를 써
달라고 했다. 그때 처음으로 엄마의 노동을 구체적으
로 들여다보고 남에게 말했다. 집과 밭과 논을 오가면
서 엄마가 하는 일들을 자세하게 설명하다 보니 공기
처럼 당연하게 여겨왔던 엄마의 일이 사실 엄청난 양
과 강도로 쉼 없이 지속되고 있었다는 걸 깨달았다. 내
가 보낸 초고를 읽고 담당자님들이 정성 어린 감상평
과 피드백을 보냈는데, 내가 엄마의 일을 뭉뚱그려 소
개한 부분을 놓고 밭에서는 혹시 어느 작물을 주로
키우는지, 바쁜 농번기가 지나가고 여유가 생기는 계
절에는 어떤 일을 하는지 등 농사일에 관해 아주 구체

적으로 질문했다. 당황스러웠다. 나는 밭에 나가 일을 몇 번 거들어본 적도 없고 엄마 아빠의 일과를 크게 궁금해한 적도 없어서 세심하고 깊게 파고드는 질문에 곧바로 대답할 수가 없었다. 농부의 딸인 나보다도 농사를 더 잘 알고, 외국인의 딸인 나보다도 이주여성의 삶에 관심이 많은 분들이 있다니, 부끄러우면서 감사했다. 그때 처음 이주여성으로서 농촌에 정착한 엄마의 사계절을 구체적으로 그려보게 됐다.

『일다』에 기사가 게재되고 나서 위고 출판사에서 연락이 왔다. 나와 엄마의 이야기를 더 많이 듣고 싶다고 했다. 어안이 벙벙하면서도 이주여성과 이주배경 청년의 이야기를 듣고 싶어 하는 사람들이 정말 있구나 싶어 신기했다. 한편으로는 내가 남들과 조금 다른 삶을 산다고 생각은 했지만 글로 기록할 만큼 귀중한 이야기인지는 여전히 의문스러웠다. 출판사에서 책을 쓰면서 같이 읽어보면 좋겠다면서 『어딘가에는 싸우는 이주여성이 있다』, 『깻잎 투쟁기』 등의 책을 보내주었는데 그제야 이주노동자와 결혼이주여성의 삶을 이렇게까지 가까이 보고 기록한 사람들이 있다는 것을 알게 되었다.

　책을 쓰고 있는 상황이 믿기지 않으면서도 이상하게 책임감이 생겼다. 한 번도 듣지 못한 엄마의 이야기를 이제라도 자세히 알고 싶어서 엄마와 많이 대화했다. 아무것도 모르던 천진한 시절을 지나 최대한 눈에 띄지 않으려고 노력했던 나를 과거에서 끄집어내고 기록했다. 젊은이들이 모두 떠나버린 줄 알았던 농촌에 외국인노동자와 이국적인 음식점이 늘고 있다는 것 말고도, 늙은 할머니와 나이 든 아빠와 외국에서 온 젊은 엄마 밑에서 지금도 아이들이 태어나 자라고 있다는 사실을 이야기하고 싶었다. 그러면서도 혹시 당사사인 나조차 이주배경가족을 남 일처럼 이야기하고 자극적인 부분만 오려내 타자화하는 것은 아닐지 걱정도 됐다. 그 걱정을 덜어준 엄마와 동생들과 친구 써니와 민도에게 고마움을 전한다.

　내가 나와 가족에 대해 책을 쓴다는 것을 알고 나서 내 동생도, 그리고 이주배경청소년인 동생의 친구도 자기 이야기를 글로 쓰고 싶다고 했다. 나는 조금 벅찬 감정이 들었다. 동생들도 자신의 이야기를 쓴다면, 한국에서 이주배경을 가진 청년으로 살아가는 사람들의 서사가 그만큼 다양하고 풍요로워지지 않을까. 그 다양함과 풍요로움이 젊은 우리 엄마가 겪었던 것보다 이주여성들의 한국살이를 더 수월하게 만들 수 있지 않을까. 이런 생각을 해보는 것만으로도 동생들보다 먼저 태어난 이주배경청년으로서 언니 노릇을 제대로 하는 것 같아서 뿌듯해진다. 나는 동생들의 더 많은 이야기를 기다린다.

우리는 언제나 타지에 있다

초판 1쇄 2024년 11월 25일

지은이 ✧ 고예나
편집 ✧ 곽성하, 김아영
디자인 ✧ 일구공 스튜디오
제작 ✧ 세걸음

펴낸곳 ✧ 위고
펴낸이 ✧ 이재현, 조소정
등록 ✧ 제2012-000115호
주소 ✧ 경기도 파주시 돌곶이길 180-38 1층
전화 ✧ 031-946-9276
팩스 ✧ 031-946-9277

hugo@hugobooks.co.kr
hugobooks.co.kr

ISBN 979-11-93044-21-6 03300